重启活力人生

[美]凯蒂·鲍曼　[美]乔安·维吉尼亚·艾伦
[美]谢拉·M.维尔格斯
[美]罗拉·伍兹　[美]乔伊斯·费伯
著

刘小冰 主译　郭宣成 审校

成就族的行动指南

电子工业出版社
Publishing House of Electronics Industry
北京·BEIJING

Copyright © 2017 Katy Bowman, First published by Propriometrics Press, www.propriometricspress.com, All rights reserved. Translation rights arranged through Sylvia Hayse Literary Agency, LLC, USA

本书中文简体字版授予电子工业出版社独家出版发行。未经书面许可，不得以任何方式抄袭、复制或节录本书中的任何内容。

版权贸易合同登记号　图字：01-2021-3667

图书在版编目（CIP）数据

重启活力人生：成就族的行动指南 /（美）凯蒂·鲍曼（Katy Bowman）等著；刘小冰主译. 北京：电子工业出版社，2021.10
书名原文：Dynamic Aging
ISBN 978-7-121-41964-5

Ⅰ.①重… Ⅱ.①凯…②刘… Ⅲ.①运动训练—基本知识 Ⅳ.①G808.1

中国版本图书馆CIP数据核字（2021）第187639号

主　　译：刘小冰
译　　者：朱元　郑重　刘明　王莺蓉

责任编辑：郝喜娟
印　　刷：天津千鹤文化传播有限公司
装　　订：天津千鹤文化传播有限公司
出版发行：电子工业出版社
　　　　　北京市海淀区万寿路173信箱　邮编：100036
开　　本：720×1000　1/16　印张：12.75　字数：122千字
版　　次：2021年10月第1版
印　　次：2021年10月第1次印刷
定　　价：58.00元

凡所购买电子工业出版社图书有缺损问题，请向购买书店调换。若书店售缺，请与本社发行部联系，联系及邮购电话：(010) 88254888，88258888。
质量投诉请发邮件至zlts@phei.com.cn，盗版侵权举报请发邮件至dbqq@phei.com.cn。
本书咨询联系方式：haoxijuan@phei.com.cn。

我们都知道锻炼对成就族来说至关重要。而在本书中，成就族作者们则是更加鲜活的例子。她们证明了运动，而不仅仅是锻炼，是活力生活的关键，而且会一直持续到每个人70岁之后的岁月。本书对成就族和与他们一起工作的健身专业人士来说是一本必要的阅读资料。

——Sandy Todd Webster，*IDEA Fitness Journal* 主编

衰老不在于年龄，不良的运动习惯会加速衰老。我们的活力永远不会完全丧失，而是可以通过训练关节和肌肉达到最佳功能来恢复。

——Michele Olson，哲学博士，运动博士，
运动生理学教授，ACSM（美国运动医学会）会员

没有什么比让人们走路更让我高兴的了。跟随着《重启活力人生：成就族的行动指南》，会有更多的人学会走路，走得更远，享受走路——这无疑会帮助众多处于不同年龄段的人们。

——Leslie Sansone，Walk at Home 项目创始人

《重启活力人生：成就族的行动指南》证明了，运动始于此时此刻，永远不会迟。这本简单易懂的书肯定会给那些认为自己老了的人很多启示。

——Tamilee Webb，文学硕士，健身之星，健身书作者

《重启活力人生：成就族的行动指南》促使人们由锻炼转向身体实操。无论什么时候转变都为时不晚，这些优秀的成就族作者们便是活生生的证明。我们无法反抗衰老，但是我们可以选择走向衰老的方式和途径。

——Kathy Smith，健身教练，畅销书作者

序1

退休意味着成就族的别样芳华开启，身心健康是成就族的共同追求。

先从身体健康说起，如果一个人过着健康的生活，有至少一项钟爱的运动，并能以本书中所说的科学、健康的方式运动，便能调动身体功能，减少慢性疾病的影响，提高生活品质，延长生命力。这样就不会"心有余而力不足"，可以说，身体健康是开启别样芳华的基础。

再说心智健康，根据国外权威学术机构的研究结果，如果退休后有可行的体力活动和充分的脑力活动，智力不会随着年龄的增长而下降，而只会左右大脑并用，思维变得更加成熟并且决策敏捷，决策的成功率也大大提高，在80~90岁达到顶峰。所以，不要害怕衰老。要努力开发智力，学习新才艺，如音乐、画画、舞蹈……对生活产生兴趣，为未来制订计划，尽你所能去旅行。带着这样的想法生活，所有的美好都在我们面前！

记住，"仁者寿，勤者寿，乐者寿，智者寿"。

全联房地产商会创始会长

清华大学校友会房地产协会会长

2021年7月于威海荣成

序2

这是一本告诉大家如何通过科学锻炼增强和保持身体能、"活力增龄"的书。开卷通览,受益良多,也有几点感想愿与读者分享。

作为一个求学与任教生涯都在清华园中度过的人,"为祖国健康工作五十年""八减一大于八"等说法从入学开始就耳熟能详,我自觉对体育锻炼的重要性还是有比较充分的认识的。不过,自从事老年人居住设施相关研究以来,随着对老年人生活细节的观察与研究的深入,我越来越深刻地认识到,老年人,特别是高龄老年人如何科学地锻炼、保持身心活力这一问题并不简单,但在我国尚未得到应有的重视,特别是与发达国家相比,相关研究和实践的基础都比较薄弱。基于这样的认识,我于2017年策划并推动实施了首届"全国乐龄游戏创意设计大赛",并发起、设立了专业从事乐龄活动及乐龄游戏创意、设计及推广的NGO"北京开心果老龄产业促进中心"。当然,虽然目标大体一致,但"游戏"与"锻炼"的侧重点还是有所不同的。

说回科学锻炼这个话题本身，本书给我的启发或引起的共鸣主要有以下几点。

一是对于老年人锻炼而言，拥有科学的指导很重要。虽然大多数老年人都明白进行身体锻炼的重要性，但一般都是凭兴趣或习惯从事某项运动，却很少考虑这项运动是否是最适合自己的。随着年龄的增长，老年人一般都会出现某种身体功能的退化。这种功能退化有一些是普遍性的，也有一些是因人而异的，简单根据自己的兴趣或沿用年轻时的锻炼习惯进行锻炼很可能并不合适。如果有了专业的科学指导，就会让锻炼事半功倍，老年人能更好地完善自己的身体功能。但是对于当下中国大多数老年人来说，进健身房接受专业健身教练的指导还是一件非常奢侈的事情，于是类似本书这样通俗易懂的运动指南就是非常必要的了。

二是对于老年人锻炼而言，树立正确的心态很重要。本书的引言中介绍了通过积极的心理暗示提高老年人运动能力的生动例子。但是，是什么让很多老年人在从事运动时变得谨小慎微的呢？我从一些身边的经验看，这在很大限度上与他们某次因"心有余而力不足"造成的运动伤害有关。这种运动伤害的经历让他们慨叹"不服老不行"，同时也留下了心理阴影，从此"一朝被蛇咬，十年怕井绳"，为自己设定了"老年人应有的"运动模式，结果加快了体能衰退的进程。也就是说，现在的"谨小慎微"，很可能是先前的"大胆冒进"造成的。因此，我认为应当树立这样的老年人锻炼指导思想：以量力而行为基础的积极进取。不知大家以为如何？

三是本书引言中提到的，随着时代的变迁，青少年用于体育锻炼的时间越来越少。这在中国亦是如此。一方面由于升学竞争的激化，学生课业负担普遍偏重，能用于课外活动的时间减少；另一方面由于电子游戏等娱乐项目的流行，学生有限的课外活动时间中被瓜分，用于体育锻炼的时间更加减少。长期如此，可能导致国民平均体能水平下降，值得引起社会关注。需要采取适当的措施，尽快扭转这一趋势。

感谢刘小冰团队，将这样一本非常有益且实用的好书呈现到中国读者面前。相信本书能为读者带来不一样的活力人生。

清华大学建筑学院教授
中国房地产及住宅研究会住宅设施专家委员会专家
中国城市规划学会住房与社区规划学术委员会委员
清华大学老龄社会研究中心研究员
周燕珉
2021年7月

译者序

"生命在于运动",这是法国思想家伏尔泰在生命观与运动科学层面提出的重要论断。从哲学角度释义,即生命本身就是一种高级的物质运动形式。无运动,不生命。

运动,不仅仅是生命的形态,也不仅仅是专业的锻炼,它可以是日常生活中的每一次迈步,是离开椅子避免久坐这样简单的站立动作!

生命在于运动,是哲思,更是实践,本书作者通过自身实践成为指导运动锻炼的行家。作者总结了一些简单易行的运动方法,并以四位长辈的亲身实践说明,即使是七八十岁的高龄,如果做正确的、适当的运动,依旧会显得年轻、有活力!

我投身于康养事业、开创芳华里老年生活社区的初衷,便是希望长辈们都能"动起来"!身体动起来、精神动起来、生命的活力动起来,从而实现幸福、长寿的美好人生。这与本书的精神内涵高度契合。

衰老并非年龄数字的增加,而是思想上的先行服老。忘记年龄,在退休后重新规划,重启活力人生!

刘小冰
2021年8月

目 录

引　言　　　　　　　　　　　　　　　　　1

第一章　脚是根基　　　　　　　　　　　　15

第二章　平衡与稳定，克服对跌倒的恐惧　　37

第三章　强健的髋部和单腿平衡　　　　　　49

第四章　走路　　　　　　　　　　　　　　65

第五章　拿取、搬运、抬举及其他功能性动作　77

第六章　驾驶　　　　　　　　　　　　　　99

第七章　运动是生活的一部分　　　　　　　113

动起来吧　　　　　　　　　　　　　　　119

全日体姿检查　　　　　　　　　　　　　121

在日常生活中增加运动量的方法	123
运动计划	131
练习汇总表	143
附录A　运动器材	189

引 言

在我还是个孩子的时候，我母亲就发现我"总是要用费劲的方式去学习"，就是说我不愿意从别人的智慧中受益，而总是要自己去体验、去碰壁。幸运的是，我现在已经从很多方面都摆脱了这种特质。现在，当我遇到那些曾经与我有过同样经历的人时，我会非常重视他们的见解。我从身边比我年长得多的人那里学到的是，一定要好好照顾自己的身体，否则我老了以后，肯定会怀念能够随心所欲地活动的日子。

我的身体年龄只有41岁，但在过去的22年里，我有幸与1000多人一对一地工作过，这些人绝大多数都比我年长。那些来找我做矫正训练和正姿练习的都是六七十岁的人，但毫无疑问的是，他们都希望在二十几岁的时候就能接触到这些指导材料。从这些人身上，我学会了要重视未来的身体功能。而这也是我选择写这本书的原因。

我教人们用新的方式来活动身躯。我也有幸能在很长一段时间内与非常多的人合作。这意味着我能够接触到大量数据——了解人们过去做过的事情、他们的爱好和伤痛，以及他们目前的状况。

我曾经与竞技类运动员、幼儿、孕妇、产妇和乳腺癌患者进行过接触，还向那些有心血管疾病、背痛和盆腔疾病的人，以及无数的有足部疼痛的人讲授课程。我已经收集了数千人的既往信息，因此，我熟知和我处在同样文化背景下的那些七八十岁人群的平均运动既往史。

本书涵盖了我4位客户的故事：一位是律师，一位是舞蹈动作治疗师兼注册护士，一位是教师兼社会工作者，还有一位是曾远游过许多国家的时髦的、令人惊叹的平面艺术家（这本书中的大部分图都是她画的）。这些女性是在60多岁、70岁出头的时候开始与我共事的。大约在10年前，她们加入了我新建成的一家健身中心的课程班，开始上我的课。几年来，她们4人从未间断学习，有时从周一到周五每天要上课2个小时。最终，通过学习，她们现在已经成为能独立指导身体运动的老师。

现在，在写这本书的时候，她们已经70多岁了（其中一人在本书出版时已经80岁了），她们是同龄人中为数不多的还没被转移到老年中心生活的人。她们现在不仅看起来比几年前年轻，而且运动起来也比几年前更有活力。我经常告诉人们，通过巧妙的动作和规律的训练，完全有可能在样貌、行动和感觉上变得更加年轻。然而，我才41岁，当我说从60岁甚至70岁开始锻炼还不算晚，甚至还有可能取得巨大的进步时，有谁会相信我呢？于是，我就想邀请乔安、罗拉、乔伊斯和谢拉来分享一下她们的见解，看看她们这些"成就族"是如何重新焕发活力的。你会在全书各处看到她们的评论，这4位坚强、敬业、有力量的女性在70多岁时仍表现活跃、精力充沛。

但什么才是"成就族"呢？当她们为这本书提供材料的时候，我们就一点达成了共识："我们不要在书名中出现'老'这个词，也不用'年长者'或'老年人'这类字眼来描述。我们用一个全新的、优雅的术语来表达我们对人生这一段黄金岁月的感受如何？'成就族'怎么样？"不仅是我完全同意她们经过深思熟虑产生的想法，科学似乎也能佐证这一做法的正确性。

锻炼固然在改善健康方面作用深远，但言语也是如此。在猜谜游戏中，你有没有模仿过一位年长者？

以蜗牛的速度拖着脚，弯下腰，一只手放在腰上，另一只手拄着想象中的拐杖？作为一种生物，我们的行动模式取决于我们的所见所闻——我们的父母、同龄人如何行动，甚至是电视上描绘的文化范式也能反过来重塑现实。问题是当我们真的老了，其他人的行动方式，以及那些先入为主的、对60多岁的人该有的行动方式的观念又将对我们的行动方式产生怎样的影响呢？

有一项研究测量了积极强化或消极刻板印象对人们的影响，结果发现，仅在30分钟的积极强化干预后，受试者的行走速度就得到了提高，维持平衡行走的时间也得到了延长。难道是研究人员施展了神奇的运动魔法或拉伸魔法？并不是这样的。在一个30分钟的视频游戏中，有些词语以难以察觉的频率在屏幕上一闪而过：一组词是衰老、依赖、患病，另一组词是明智、矫健、成就。在完全没有运动干预的情况下，得到积极强化的受试组步态和步行速度得到了改善，改善的幅度几乎相当于接受了数周，甚至数月的运动训练。因此，这项研究告诉大家：言语的影响深远，要学会用积极的话语来谈论自己和周围的人。另外，这项研究给所有练习者的启示是：你现在的运动（或不运动）方式可能会受到生理以外的其他因素的影响。

有很多头条新闻，其中一些是关于科学研究的。然而，在研究中使用年龄作为变量可能存在问题，因为很难将年龄与长期习惯分开。"老年人更容易得拇囊炎"和"长期穿着太紧鞋子的老年人更容易得拇囊炎"这两种说法是不同的。年龄通常被选为研究变量，这是因为随着时间的推移，年龄是客观的变化，比行为更容易被量化。你可以很确切地说出自己的年纪，但你不太可能很准确地告诉我你的脚趾在鞋子里蜷缩了多少个小时。因此，约定俗成的说法经常让我们对这样的想法根深蒂固，即身体一旦到了一定的年龄就会开始走下坡路。当然，所有的细胞最终都会停止更替，但这里重要的不是自然衰老的必然性，而是我们能够看到自然衰老和我们正经历的功能丧失之间的区别，后者仅仅是不良运动习惯造成的。

这里还有一些其他需要考虑的问题：似乎整个人类世界都出现了身体力量的衰退，这与年龄无关，而与几乎无须运动的生活方式有关。例如，一项研究将在2015年测得的出生于1980—2000年的人的握力和在1985年测得的相同年龄段的人的握力进行比较，结果显示，当今人们的握力明显弱于过去。现在的孩子们比我小时候的运动要少得多；而据我的祖父母说，我在整个童年中的运动比他们在整个童年中的运动也要少。考虑到人类的发展进程，即新技术的出现和相对较近的工业革命，我认为每一代人的运动量将依次减少。这实际上是个好消息，因为这意味着我们对身体随着时间的推移而趋于衰弱的看法很可能是错的，衰弱是成日里久坐不动造成的。我们大多数人只是运动得太少，其实一点都不老。

《重启活力人生：成就族的行动指南》是一本可以让你动得

越来越多的指南。这本书不会给出以下这种建议："嘿，你应该多走走！"相反，它可以帮你弄清楚你身体的哪些部位可以开始稍加活动，从而让你愿意出去走动。这本书提供了一些练习，告诉你如何通过简单的姿势调整来改善运动习惯，以及如何用一种你已经很久没做过的方式来温和地挑战自己的身体。慢慢地，你能将更多的运动融入生活，你会发现运动能力得到了改善；而且，有很大的可能性，你原本以为运动能力下降是年龄增长导致的，但其实是长期缺乏运动的结果。

这本书是由我认识的4位最令人惊叹的、最有活力的成就族协助完成的，她们当初就像现在的你一样即将开始运动（从脚开始）。我在参与她们的经历时获益良多，希望你也能从阅读中得到和我一样多的收获。

介绍一下成就族

乔安

在71岁的时候，我结束了长年的律师生涯，之后有人向我推荐了凯蒂·鲍曼。我希望通过锻炼来改善我的盆腔脏器脱垂、慢性便秘和脚部问题。我和她见面后，她为我进行了全面的身体评估，然后从那天起，我开启了改变人生的运动练习。经过3年的练习，我的慢性便秘完全消失了。我每天步行，还能继续坚持我对徒步旅行（5~16km）的热爱。我穿着五趾鞋[1]和零落差鞋[2]，不断踏上我家牧场周围的山区、附近海岸的沙滩和适合徒步旅行的所有国家公园的道路（到目前为止，我已经在32个国家公园徒步旅行）。我可以无任何不适地赤脚走路，我可以爬到树上——如果没有凯蒂的帮助和指导，这些事情我想都不敢想。70岁那年，我被安排了一个大手术来解决我的盆腔脏器脱垂问题。而到现在，这个手术还没到要做的地步。我的平衡力是有史以来最好的——几年前，我赤脚走过一根位于湍急河流上方的长180cm的圆木，这是以前我从未想过我能做到的，更想不到我会在77岁的时候第一次做这件事。同年，我和乔伊斯（她当时78岁）在华盛顿Dungeness Spit的沙滩上步行了18km去看灯塔。除了走路无障碍，我的全身力量也有了显著提高。

  行动方式的改变同样改变了我的生活，我现在是一名指导身体运动的老师，与其他人分享我所学到的东西。

---

[1] 五趾鞋的前端是五个脚趾的形状，能够提供赤脚走路的感觉。——译者注
[2] 零落差鞋指的是跑鞋鞋底的前、后掌与地面的高度保持一致，而非绝大多数传统跑鞋那样采用的是后掌高于前掌的设计。这种鞋可以减少脚部落地时受到的冲击，同时提供赤脚行走或跑步的感觉。——译者注

乔伊斯

29年前，我经历了痛苦的膝盖受伤。那个时候，我已经完成了20年的教学生涯，正准备获得社会工作硕士学位。那时，我在家里做瑜伽练习，但没有进行适当的热身，导致右膝半月板损伤。我经历的伤害并不少见——一侧膝盖的半月板撕裂，另一侧膝盖则在补偿性地承受过大压力之后不久也遭受损伤。多年来，我试图通过各种各样的治疗措施来缓解疼痛，改善行动不便——少量行走、打太极、做瑜伽伸展动作、每天服用止痛药、每周进行脊柱推拿，还采用了按摩疗法。然而，这些似乎都不是能够彻底治愈伤痛、让我走上"健康之路"的方法。剩下的就只有手术这一种方法了，但是我不想做手术，因为那会带来风险，也会让我的身体逐渐丧失改善健康的能力。这一切都在我69岁那年出现了转机。脊柱推拿师告诉我，除非我自己在治疗之外学会如何加强肌肉力量，以维持调整后的骨骼状态，否则她就不再继续为我治疗了。我并不想失去脊柱推拿师，因此，当一位朋友向我推荐凯蒂·鲍曼的运动课程时，我就报名参加了。我几乎立刻就开始学着从生物力学的角度来看待我的身体。我了解到，伤痛和炎症是身体对我们的警告信号：我们不能忽视它们或试图挺过去，而应该以它们为向导，学会如何自我治疗。这种将身体视为整体的健康模式教会了我：身体健康深受生活习惯的影响，而不是年龄。现在，我没有做过任何手术，我已经恢复了无痛行走的能力，我的身体、思想和精神都走上了"健康之路"。全身运动是这一切成就的功臣。

罗拉

在68岁时，我本打算进行第一次全膝关节置换手术（总共至少两次）。因为我是一名注册护士和舞蹈动作治疗师，所以我自认为了解并且已经尝试了所有的锻炼方法，而现在只能听命于"手术刀"。一位朋友劝我试听凯蒂的课程。尽管我确信这又是个"半吊子"方法，但我还是认为什么都得先试一下再说。结果，凯蒂的课程改变了我。从青少年时期，我就得了不宁腿综合征（在那个年代，这种病甚至都还没有被正式命名）。60年来，我因为骶骨神经疼痛而失去的睡眠，算下来平均每两周就会少睡一个晚上。

在使用了凯蒂的运动计划两周后，我注意到不宁腿综合征的刺痛感消失了。这真是个天大的好消息，因为我原以为这是一种家族疾病。于是，我取消了膝盖手术，开始频繁地尝试温和的膝盖伸展运动，锻炼僵硬的膝盖。现在，我可以在随意一种地形上步行10km，还可以用我"原装"的身体构造在市内步行完成各种差事和赴约。

更重要的是，我还有能力成为"背包客"，登上塞拉山脉。去年，我和儿子们还有几个孙子、孙女一起参加了为期一周的冒险活动，从这个湖泊走到下一个湖泊。我带着相当于自己体重1/5的行李，走过了美丽但时有崎岖的土地。每天一大清早，我们就出发了，虽然我一直都是最后一个到达下一个营地的，但我仍然感到自己很幸运，胜利的喜悦围绕着我。通过把本书中的运动原则融入我的日常活动中，我给自己提供了一个机会——去改变长期的"生活中只有我自己"的状态。我，以及像我这样的学员最大的收获是发现增龄并不是一件坏事，而是一个迈入运动、玩耍新领域的机会。这个发现实在令人激动。

谢拉

在66岁时，我参加了凯蒂的课程。那时我刚从平面设计师的工作中退休，这种工作需要我经常坐在电脑前。虽然我终身坚持锻炼，但凯蒂的课程还是给我留下了深刻的印象。于是，我决定进行更多的练习，参加她的指导教师培训项目。

在75岁生日前，我在为出门旅行做准备的时候，伸手想在衣柜里找一件衣服。结果手臂扭曲过猛（当然，我用的不是凯蒂推荐的动作），导致后背疼痛。很明显我的身体出了问题，但因为我想去旅行，所以对背痛的处理过于猛烈（一个错招），最终还是去看了家庭医生。磁共振成像显示我有严重的脊柱侧弯，伴有腰椎间盘撕裂。

医生警告我除了可以在平地上行走 5~10 分钟，连续一个月都不要做剧烈运动，那真是度日如年的一个月。差不多康复后，我开始做这本书里讲到的基本练习。如今，我每天都可以舒适地走个五六千米。到了我这个年纪，愈合往往需要很长的时间，这对耐心是个极大的考验。通过本书中列出的运动原则和练习，我的背部正在好转，我也正在慢慢恢复积极的生活方式。活动能力变好并不意味着不会再受伤，而是一旦受伤了，你能更好地恢复。凯蒂的教导能够提供知识和方法，让我知道什么动作可以做，比如身体悬挂和核心力量锻炼，以及做哪些动作需要小心，比如扭转身体。

本书适用人群

这是一本帮助重启身体活力的书，适合各个年龄段的人群使用。运动计划应该针对身体力量和技能水平，而不是特定的年龄段。年龄与身体力量和技能水平没有关系，这一点会在本书中得到证明。如果想要变得更有活力，但还是对如何锻炼身体平衡性和身体力量无从下手的话，就赶快阅读本书吧。

成就族的建议

这本书适合任何年龄段的读者。拥有并维持身体的灵活性、力量和平衡性是一项终生任务。年轻的时候，我们学会了平衡身体，优化了身体稳定性，能够长时间站立，并充满信心地行走。随后，生活把我们带向了另一面——久坐。瞧着吧，在久坐中，我们不知不觉就丢掉了刚刚那些需要用一生来完成的任务。在凯蒂的训练中，我们已经学习和完成了很多练习，但这本书中讲述的练习非常关键，能够让我们重获并维持被忽视多年的身体平衡性和机动性。

凯蒂将在本书中提供诸多技术上的信息和指导，但以下是我们这些70多岁的人认为很有帮助，需要读者牢牢记住的地方：

- 努力将基本的体位对齐点和练习动作融入日常工作中。
- 对身体要抱着欣赏和尊重的态度。
- 主动、循序渐进地练习，不要放弃。

- 记住，即使是微小的改变，也会带来巨大的进步。不积跬步，无以至千里。

肌肉的功能之一是稳定关节，使整个肌肉骨骼系统成为一个整体。本书中的练习旨在调动和强化那些被忽视的肌肉，从头到脚改善身体，锻炼身体力量。

安全第一 在开始任何一项运动计划之前，咨询医生或治疗师是非常重要的，特别是身体中有假体，比如置换过髋关节或膝关节等的人。

识别哪些是疼痛，哪些是新的感觉 如果在做运动时，身体感到疼痛，可以尝试其他运动，或者调整锻炼方式，也可以过几天再试一次。你是自己生活的主人！一定要为自己的安全和健康负责！

痉挛 拉伸肌肉或以不同的方式使用肌肉时，肌肉可能会出现痉挛。如果在运动中出现肌肉痉挛，最好停止运动，让肌肉放松一下，然后继续运动。

酸痛 运动后的酸痛可能是由以一种新的方式使用肌肉（以及关节、骨骼和筋膜）和（或）过度使用身体某个部位引起的。使用本书中的方法进行锻炼时，要对自己温柔一点，慢慢来，专注于你所做的练习，注意观察身体变化，随时进行调整。

安全提示： 刚开始练习时，为了增加身体稳定性，我们建议你扶住或倚靠安全的表面，如柜台、沙发背、墙壁或上锁的门，防止跌倒。虽然理想目标是在没有支持的情况下进行练习，但安全始终是应该首要考虑的问题。

建议装备

- 厚重的书或瑜伽砖
- 具有垂直靠背、水平座面的椅子
- 卷起的毛巾或半圆泡沫滚轴（如下图）
- 网球
- 全身镜（用处很大，但非必需）
- 垫子（可选）

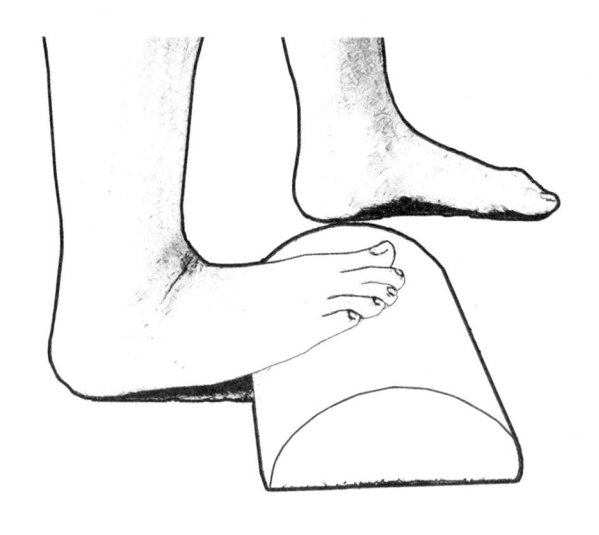

第一章
脚是根基

我喜欢和脚有关的一切。事实上,我已经写了两本关于脚的书。你也应该爱你的脚。双脚复杂非凡,每只脚都有33个关节,超过100块肌肉、肌腱和韧带。同时,脚也是你日常工作的基础。这也就是如果你发现其他身体部位(如膝盖和髋部)难以活动时,最好先活动僵硬、疼痛及不灵活的脚部的原因。

虽然身体运动大多数都要用到脚,比如从椅子上起来、在公园里散步、开车……但我们从未让脚的复杂功能充分展现。相反,我们把脚当成缩在鞋子里的"一团"来使用。

像几年前的我或其他大部分你认识的人一样,你可能大多数时间里都在穿"好"鞋——硬鞋、支撑鞋,或是空间有限、难以伸展脚趾的高跟鞋。几十年来，鞋子"铸造"了脚上的肌肉。此外，由于久坐、缺乏在自然环境中的走动及其他不良习惯，一些脚部疾病也会出现，如拇囊炎、锤状趾、骨刺、足底筋膜炎、骨关节炎和神经病变等。这时，如果你不活动全部的脚关节和肌肉，血液循环就会减少，不利于损伤的恢复，糖尿病患者尤甚。脚部缺乏运动也会导致一些看似与脚无关的身体疾病，膝盖、髋部、腰部，甚至颈部的疼痛都可能与脚部健康有关。

由于疼痛太过剧烈，医生可能会让你穿特殊的鞋子、夹板或矫形鞋垫。你也许不得不因为疼痛而减少走路的时间。

但好消息是，你的脚很可能是因为肌肉活动过少才虚弱、僵硬的，而不是随着年龄在衰老。

乔安说

从小我就喜欢赤脚。但到了40多岁时，我发现在坚硬的表面（硬木板、瓷砖或水泥地）走路时脚掌会痛。很快，我就发展到甚至在沙滩上赤脚行走都会感觉疼痛。事实上，我从未穿过超过5cm的高跟鞋。因此，我既惊讶又沮丧。医生给我的工作鞋和网球鞋都配备了矫形鞋垫。

无论哪一双鞋子，我都不得不用上矫形鞋垫。然而，似乎没有专门的矫形鞋跟。这让我更加不舒服，所有的重量都压在脚掌上。不管是行走还是站立，我的脚都会疼，接着连背部也开始疼痛。因此只要有可能，一坐在办公桌前，我就会脱下鞋子办公，并且这让我想坐更长的时间。当我退休不再做律师时，我开始把更多的精力放在奥运会式的竞走上。我在每双步行鞋上的花费都超过了100美元。这些鞋都配有气垫和其他装置，能够保护脚部，使我免受痛苦；然而，矫形鞋垫仍是必不可少的。我也终于接受了或许余生都要用着矫形鞋垫的事实，因为我知道自己不再年轻。毕竟，我们都知道或听说过，随着年龄增长，身体状况会越来越差。

我在上第一次矫正训练课时见到了凯蒂，她告诉我一定要将体重从脚掌转移到脚跟。这对我来说难度不小，因为在过去的70多年里，我的站立方式一直是骨盆向前，膝盖微微弯曲，重心放在脚掌上（当我洗碗或准备食物时，我肚子里仿佛有块磁铁，不断把我拉向橱柜台面）。她建议我降低鞋跟高度，刚开始的时候平底鞋不要穿太长时间，要让脚和身体慢慢适应。但是鞋跟太低就无法与矫形鞋垫贴合，她建议我换双没有矫形鞋垫的新鞋，改变锻炼方式，增强脚部灵活度。我有些顾虑，担心这会造成更多的疼痛；但转念一想又觉得这样做也不会造成太大问题：要是疼痛加剧的话，我就穿回带矫形鞋垫的旧鞋。

事实上，8年过去了，我没有重回以往。我发现，不仅我可以不用矫形鞋垫，而且我已经可以在沙滩上赤脚走路了，同时也可以在家里的瓷砖地面上短时间行走。不幸的是，我脚底的脂肪垫消失了，骨头没有了缓冲。因此，我在零落差鞋和五趾鞋里加了一块柔软的小跖骨垫和一层扁平的薄垫，放在脚趾后部支撑脚掌。有了这样的装备，我定期在土路上走5~8km，并且在附近的山区和国家公园进行更长距离的徒步。跟随凯蒂学习，不仅改善了我的脚部状况，我还进行了之前从未有过的尝试，那就是用最简单的鞋子来改善全身状况。

静止循环

我们静止不动的时间越长,身体活动就越少,也就越容易在日常生活中重复这样的行为而陷入循环。比如,每天长时间坐着学习或工作会导致腿部肌肉无力、膝部和髋部僵硬。当每天早上穿鞋变成了一种负担,我们便开始尝试选择更容易穿的鞋子。

那些穿起来不怎么用到髋部和膝盖的鞋,基本都是可以一脚蹬的轻便鞋,直接把脚伸进去就好了。但这会产生一个问题:轻便鞋也被称作易掉鞋,穿这种鞋你需要夹紧脚趾,紧绷脚部肌肉让鞋子不脱落。当脚部变得僵硬时,双脚会变得虚弱,无法充分伸展形成稳固的根基;在走路时也无法充分感受周围的环境而快速做出反应。

虽然穿拖鞋和轻便鞋可以解决因髋部僵硬而导致的穿鞋困难,但从长远来看,我们需要通过锻炼来增加髋部的灵活度,防止因为髋部问题而导致脚部僵硬和平衡力减弱(详见第95页)。

以下这些练习是基础，它们能够强化和调动双脚来改善脚部功能和感觉，还能在脚部功能改善后使其有更大的活动范围和能力（比如平衡力）。通常情况下，我们会将身体各部位分开锻炼。脚部练习主要针对脚，髋部伸展主要改善髋部，平衡练习则主要提高平衡力。虽然这无可非议，但脚部的锻炼也会对改善髋部和提高平衡力有益。运动效果本质上是贯通一致的。因此，如果你看到这里，认为"我的脚够健康，我想直接跳到后面的平衡练习"，那我建议你了解，本书中的每个练习都会直接影响其他你想让身体完成的全部运动。从脚部开始练习具有深远的影响，正如我之前提到的，身体其他部位的运动都是从脚开始的。

举个很好的例子，脚部的第一项练习甚至不是真正意义上的活动双脚，而是活动髋部。

把髋部移向脚跟

通常鞋子都有鞋跟，无论是2.5cm还是7.5cm。大多数人都穿带跟的鞋。这迫使骨盆前倾，用来平衡鞋子的坡度，试着将髋部移动到与脚踝处于一条线上。

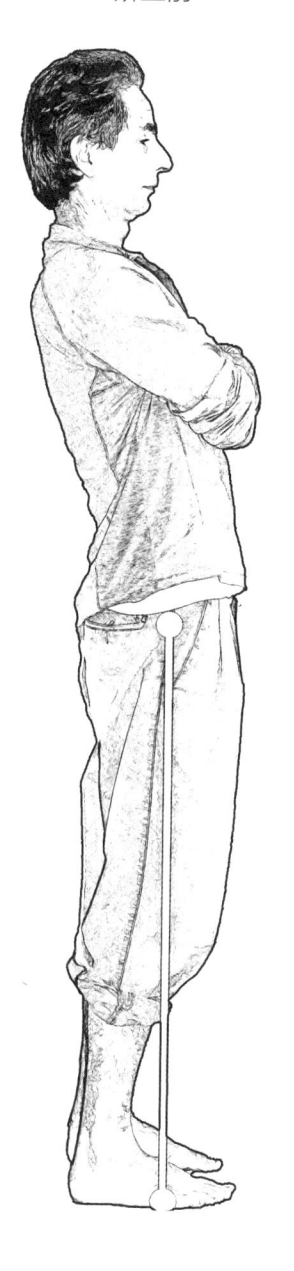

矫正前　　　　　矫正后

第一章　脚是根基

脚背伸展

脚背伸展练习能够同时伸展脚趾、脚体和脚踝，并且能够放松因鞋子太紧或姿势不当造成的肌肉紧张。这种伸展能够有效改善脚趾、脚体和脚踝的灵活度。

首先，你需要坐在椅子的前缘，双脚平放在地板上。一只脚向后伸，把脚趾向下压。脚跟居中，不要让脚踝左右晃动。不要强行将脚背压在地板上，在身体允许的情况下脚尽量放低。

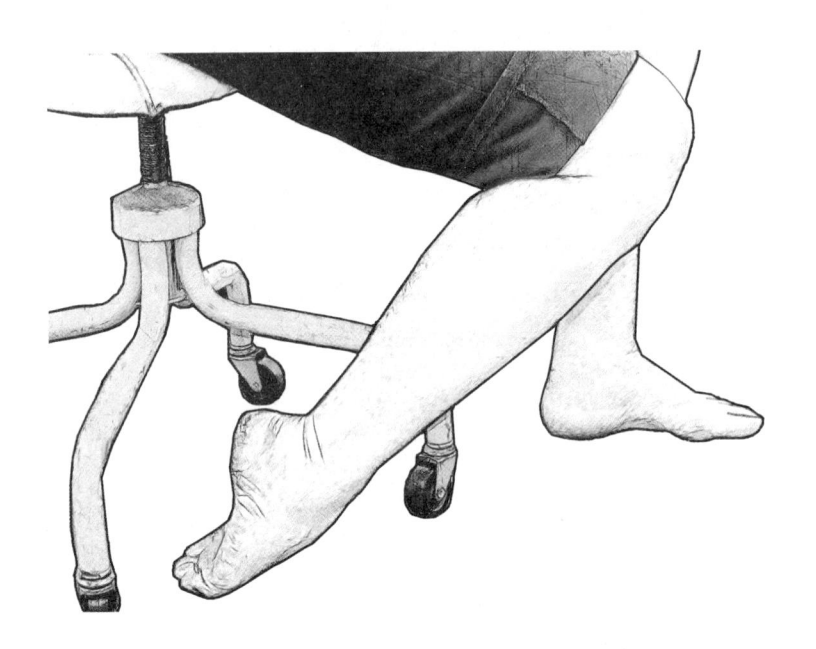

一旦你能轻松完成这样的伸展，就站起来完成动作。扶着墙或椅子，将左脚后撤，脚趾下压，脚背向地面伸展。一开始你可能会身体前倾，或者髋部向外、向前移动以减轻脚部的负担。要留意这些变化，并试着将胸部或髋部收回，使之和另外一只脚处于一条直线。要想减少脚背伸展的幅度，你可以缩短脚部后撤的距离或是坐在椅子上练习。

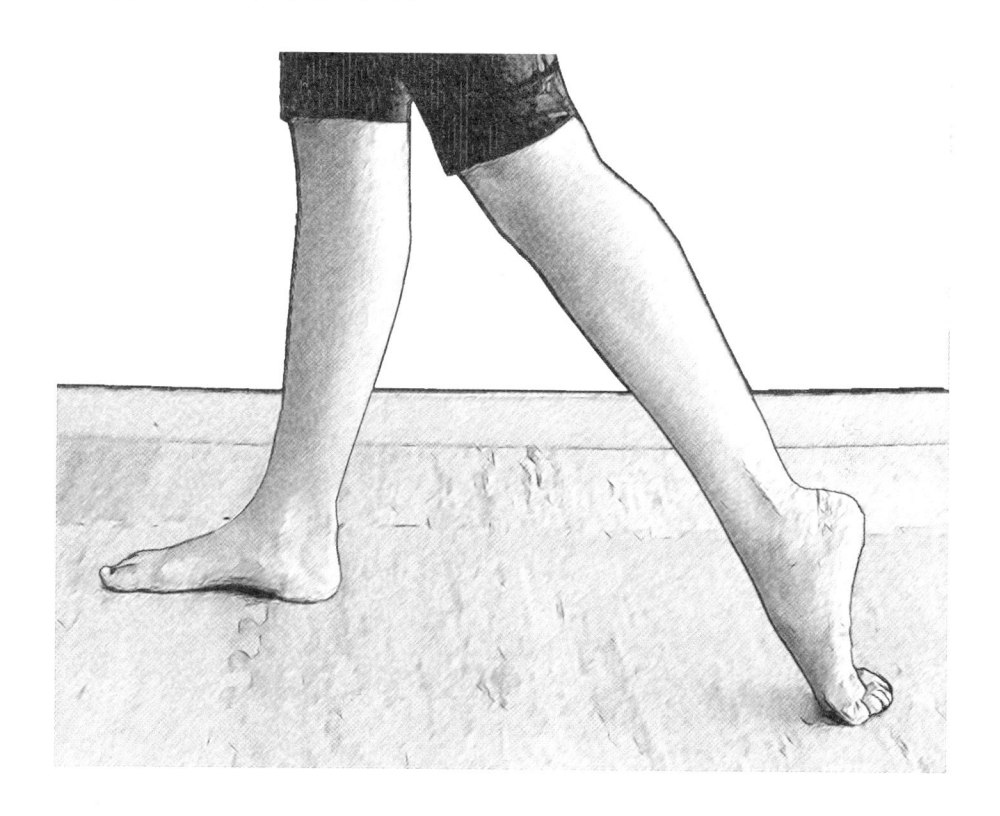

脚底伸展

从某个时候开始，我们会避免在颠簸不平的地面上行走。因为担心跌倒或把鞋子弄脏，所以在大多数时间里我们会尽量选择在平整的路面上行走。当然，我自己在开车的时候也喜欢驾驶在平滑的路面上，但是要知道，我们每只脚都有33个关节，这些关节之间的许多肌肉只有在关节改变位置的情况下才能得到锻炼。

成就族的建议

最重要的一点是，慢慢来，你可能已经很久没有好好活动过身体了。找到适合自己的拉伸方式，避免因伸展不当而发出"哎哟"一声。时刻关注练习的每一步（比如不要在拉伸时看电视），保持注意力集中，从而可以察觉身体的反馈。如果你的小腿或脚部肌肉发生了痉挛，试着停止拉伸，放松一下，然后再继续。请记住，我们大多数人都很久没有使用过这些肌肉了，所以身体多少会有些抵触。出现痉挛是正常现象，因为这些练习在"唤醒"沉睡已久的肌肉。

关节置换

关节置换的类型有很多，每一种都有自己的局限性，某些运动对关节扭转的要求更高：我们会用粗体字标出这些运动，这样你可以在一开始就减少活动范围，运动得更慢，或者直接与医生或治疗师讨论，他们应该能够告诉你置换关节的运动限制。例如，第26页描述的脚趾分开练习——坐着将一侧脚踝放在另一侧膝盖上，可能会使某些类型的人工髋关节处于脆弱的状态。在与医疗团队进行讨论前，请先使用

> 第29页描述的脚趾舒展装置,它能够提高脚趾的灵活性,直到确定脚趾伸展练习对你适用。向那些进行过关节置换的人寻求建议,他们会引导你做替代练习。

拿起东西并放下这个过程很容易锻炼手臂,同时也锻炼肘关节弯曲和伸展。但是你该如何弯曲脚关节呢?事实上,颠簸不平的地面尽管给行走带来不便,却可以使脚上的小肌肉群得到锻炼!

不必脱掉鞋子徒步穿过草地。你可以使用网球或类似大小的软球将程度较低的、可控的负荷更安全地引入脚中。

首先,你需要保持坐姿或站姿,手扶在一个安全的平面上(选用最适合你的平面),然后把球放在一只脚下面。慢慢地将身体的重量转移到球上,向前、向后和向左右两边移动这只脚,对脚的各个关节施加压力。

把你的脚想象成一块等待吸尘的地板。你在吸尘时不会只是绕着边走,对吧?我们不会沿着地板中央的一条线吸尘,而是会把所有的地方都吸干净。把这股努力的劲头用到你的脚部按摩上,每次只移动很短的距离,让每一个脚关节都活动充分。

让整个脚底都得到球的按摩,根据需要增加或减少力度。站姿比坐姿能够施加的重量更多（也就是说，提供更多的脚关节运动），把更多的重量转移到踩球的脚上也会起到同样的作用。又小又硬的球会比又大又软的球更容易产生极大的压力（也就是说，提供更多的运动），所以试着使用不同大小和硬度的球，给关节带来不同的运动。

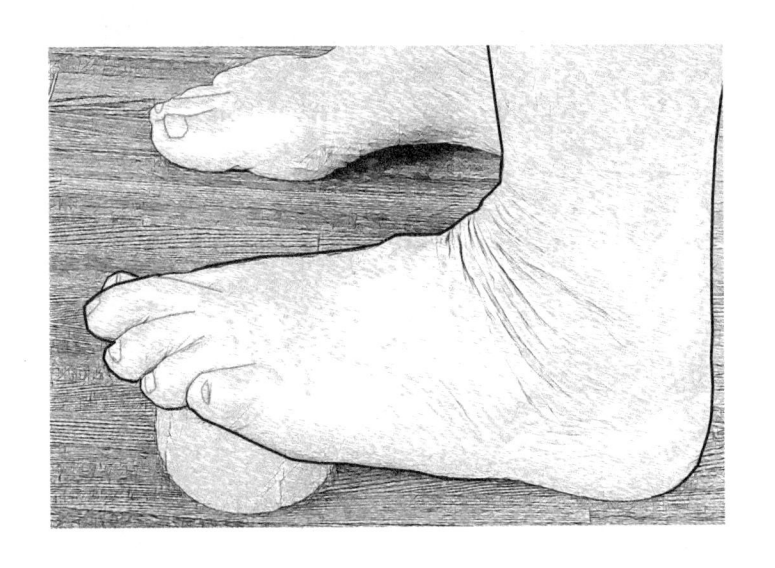

注意： 把所有的球和其他运动器材都放在一个篮子里，这样你就不会在不经意间踩上这些球。

脚趾分开

脚底的接触面积越大，身体就越平衡。这就是为什么有人在走路的时候会把脚向外翻，这样做虽然从长远来说会降低脚踝的灵活性，但也提供了更多的安全感。外翻的原因很可能是，待在鞋子里的脚对身体来说太窄了。这不是因为脚生来就窄，而是因为几十年来，过紧的鞋子把脚趾挤在一起让脚变窄了。如果你的平衡有问题，那先看看你的脚：它们是否充分地伸展，是否足够的灵活和强壮？

为了获得更大的支撑力，你需要伸展脚趾，这样整只脚可以覆盖更多的区域。我知道经常有人羡慕瘦脚，因为它们看上去更美，但事实是，瘦脚会影响身体平衡。

要稳定地从一个点移动到另一个点，在很大限度上取决于脚的形状和功能。

想知道是否能快速恢复脚部功能，首先需要自我评估。你知道怎么把手指分开吗？那么脚趾分开应该也能做到。把鞋脱了，站起来，看看你能否将脚趾分开。你能做到什么程度？

如果不行，这可能是因为，尽管你向脚发送了"舒展"信号，但脚部组织太僵硬，无法执行命令。这时，你可以搭把手帮助僵硬的脚趾伸展肌肉。坐下来，将左脚踝横放在右膝上，用右手握住左脚（**注意：如果你不确定置换过的关节的局限性，或者你的髋部太僵硬还不能这样做，请参阅第29页内容**）。将右手手指插入左脚脚趾之间，保持至少1分钟。这种伸展是可控的：为了提高分开的程度，让手指在脚趾之间推得更深，这样手指根和脚趾根会互相接触；轻轻地张开手指，脚趾也会分开。当然，如果想要降低少分开的程度,你需要反着来。保持这个姿势1~2分钟,然后换另一边。一天重复几次(最好至少3次),直到你的脚趾变得容易分开。

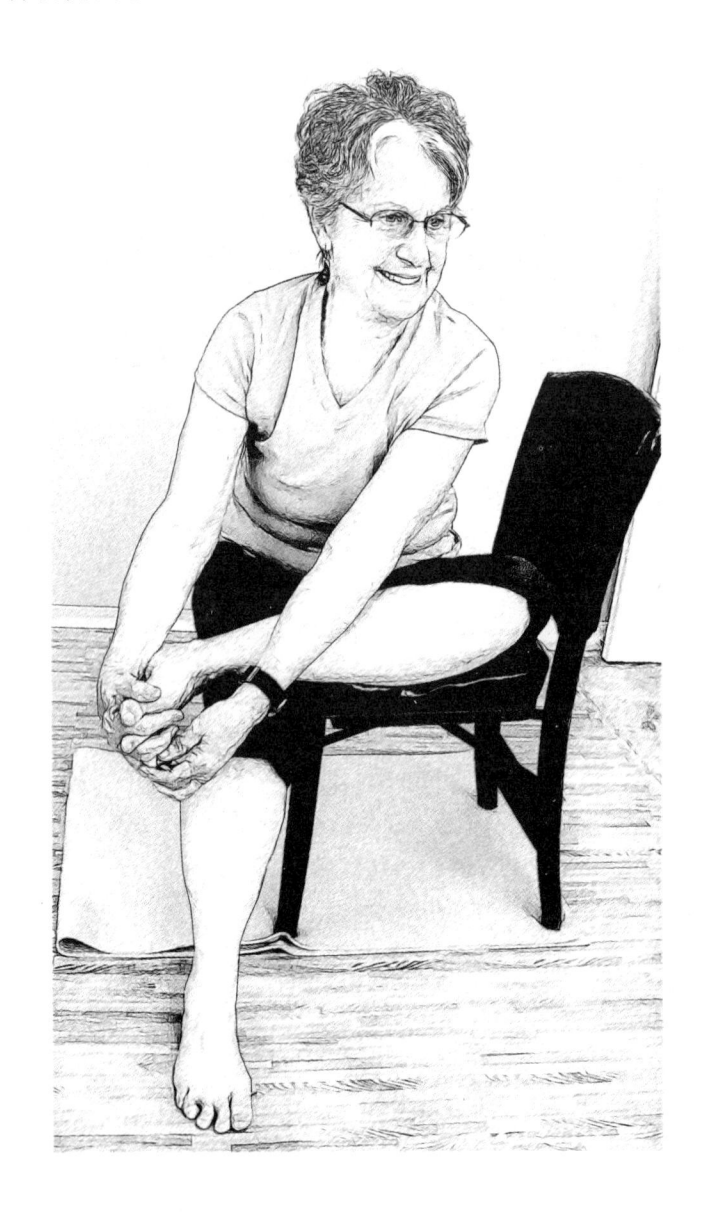

脚趾舒展装置

如果你的脚趾已经挤压在一起很长时间了,或者如果你有髋关节或膝关节置换手术史而无法伸展脚趾,可以使用五趾袜或其他脚趾分离器(如脚趾矫形器,如果鞋子的空间足够,你甚至可以将其穿在鞋子里)。一开始,每次只需要几分钟,让脚趾习惯留出空间。最终,你也许可以全天使用。

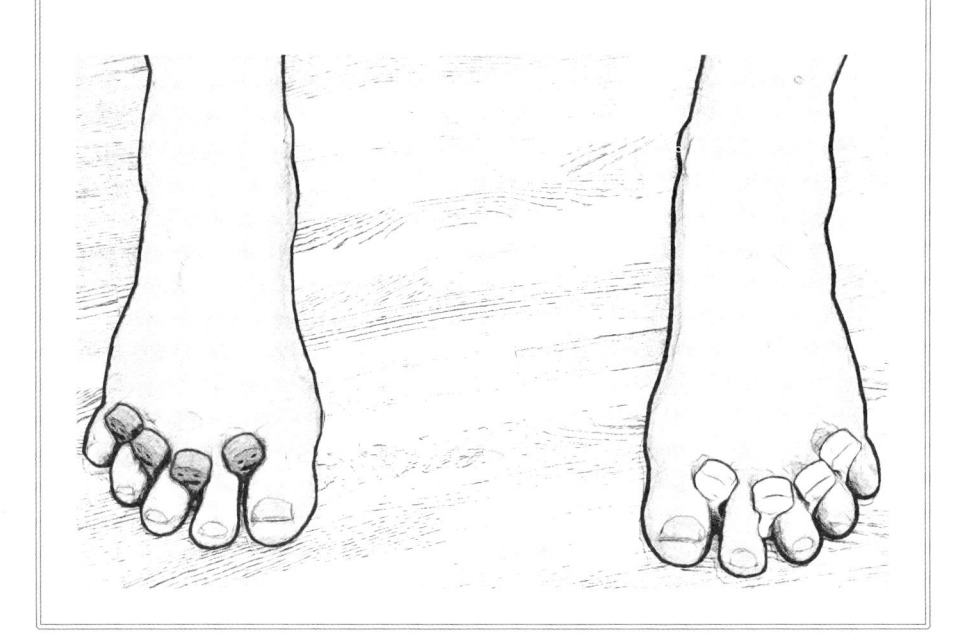

成就族的建议

　　脚部冰冷会使你不舒服吗？可以通过按摩脚趾来温暖脚。坐在地板上或椅子上，确保你采用的姿势可以摸到所有脚趾，比如把一只脚放在另一侧的大腿上（注意任何膝关节或髋关节置换的问题；如果需要一个更易于操作的练习，请参阅第95页）。

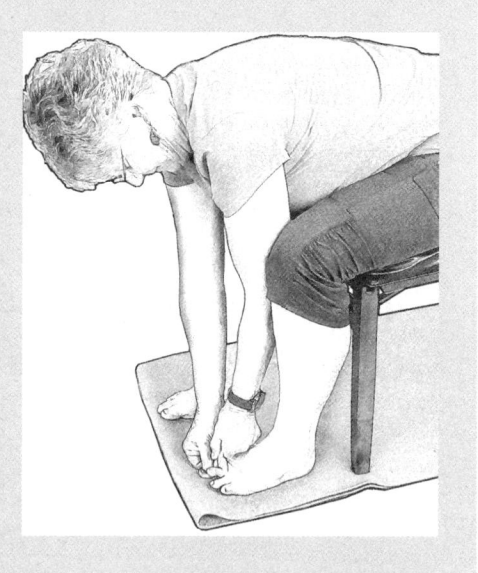

　　抓住这只脚的拇趾并将其拉出，远离小趾，分别顺时针和逆时针转动拇趾。每个脚趾都像这样做30秒圆周运动，然后在另一只脚上重复动作。随着脚趾的血液循环增加，在运动时它们就能给予我们更多的支撑。

　　一旦你用手分开了脚趾，站起来，试着不用手而再次分开脚趾，确保将重量转移到脚跟（重量压在脚趾则很难分开）。尽量在每个脚趾之间留出空间，所有脚趾平放在地上。这样练习过后，你的脚趾肌肉是否变得更加灵敏了呢？

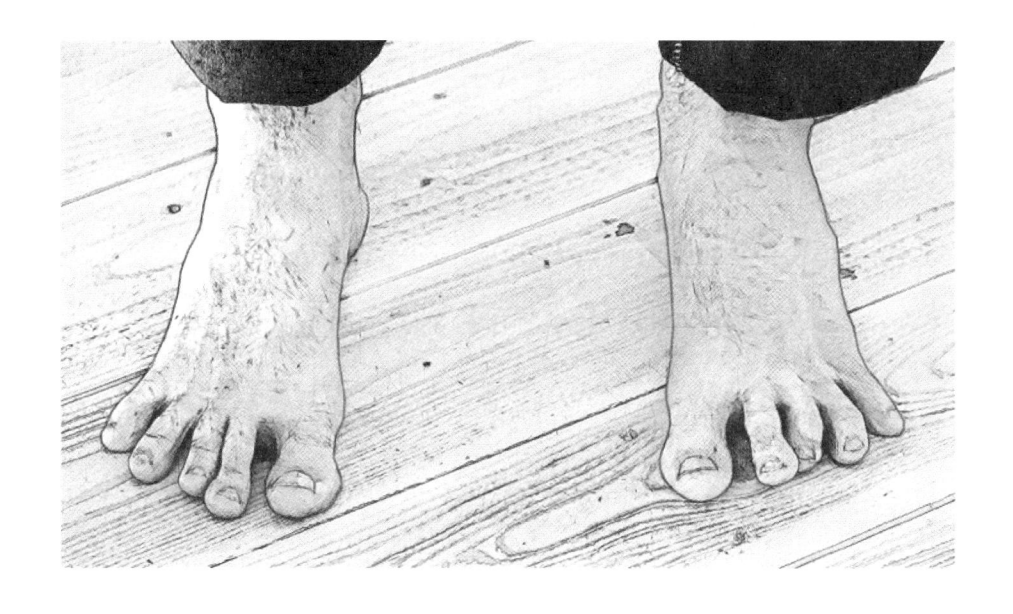

当我们不伸展脚趾的时候,这个能力就会慢慢消失。如果我们多加练习、多用手指来分开脚趾,身体就会更容易对大脑发出的信号做出响应。

每天多次重复这一练习。可以穿着鞋练习,也可以脱了鞋练习。如果你无法穿着鞋分开脚趾,一定是鞋子太紧了。

成就族的建议

每天选择固定的时间或地点多次进行脚趾分开练习。你可以在浴室镜子上、厨房水槽处或桌子上贴一张便条来提醒自己。当看到便条的时候,你就能立即开始练习了。

脚趾抬高

同时抬起所有脚趾比只抬起一个更容易，但是能够分开抬起脚趾意味着你能更好地控制自己的脚。为了测试你单独使用脚趾肌肉的能力，试着抬起2个蹬趾，同时保持其他8个脚趾在地上。

然后，试着抬起左脚的蹬趾，再抬起右脚的蹬趾。努力使每个蹬趾笔直地向上抬起，而不是转向一边（朝向小趾）。

当你掌握了抬起蹬趾的技能后，选择一只脚试着先抬起蹬趾，然后再抬起第2个脚趾，确保你的脚掌放在地板上；然后依次抬起第3~5个脚趾。一旦所有的脚趾都抬起来了，再把它们一个接一个地放回去。再练习另一只脚。

如果你不能一次抬起一个脚趾，别担心！继续练习脚趾分开和抬高，并选择合适的鞋子。最终，你的脚趾会听从你的指示。

当你完成了全部的脚趾练习后，就可以做脚背伸展练习了。

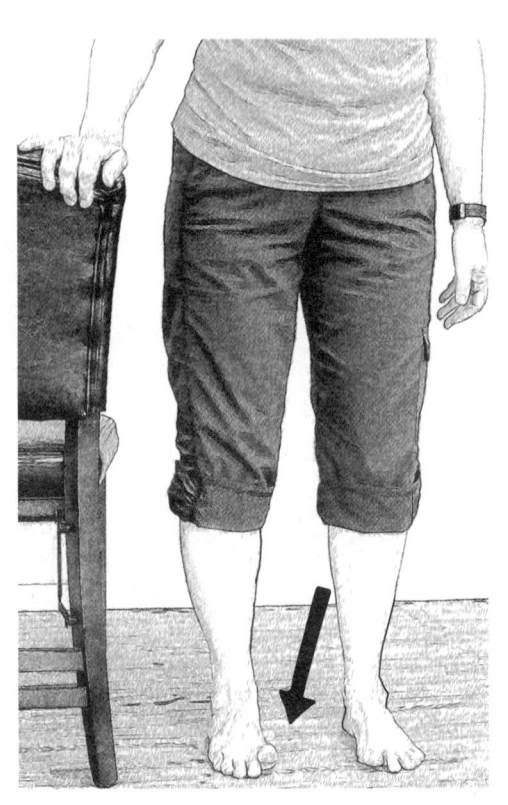

适合赤脚的地板空间

厚底鞋受到推荐的原因之一是许多人已经失去了用脚感知物体的能力，而穿厚底鞋会让人们避免因无意中踩到锋利的东西而受伤。然而，这不完全是件好事。为了重新调动脚的感觉，我们需要脱掉鞋子，这又令脚处于危险之中。解决方案是创造一个对赤脚友好的地板空间。

- 用吸尘器清理打算使用的区域，确保不会踩到任何尖锐的碎屑（如别针、针头等）。
- 为了获得额外的保护，在吸尘器吸过的地方铺上厚厚的毛巾或瑜伽垫。
- 如果你的脚非常敏感，可以把地垫加厚一倍，比如在地毯上再放一块垫子，或者再铺一层毯子或多条毛巾作为缓冲。
- 但凡走进赤脚区域，都先检查一下，以免踩到异物。

鞋具

鞋子是脚的模具，有一些鞋子可以使脚获得更大的活动空间。如果你的脚被鞋子限制了太久，现在希望能换上更适合的鞋子，那么，为你的脚部健康着想，一定要慢慢过渡。以下是理想的鞋子应该具备的条件。

- **鞋头宽** 鞋头是容纳脚尖的部分，大多数传统鞋具的鞋头部分都非常窄。要想知道你的鞋子和你的脚相比有多窄，可以在一张纸上画出鞋子的轮廓，然后裸脚放在同一个位置，再画出来。如果脚的轮廓超出了鞋子的轮廓，那么你每次穿上鞋子都会让脚受到挤压！正常情况下，你应该可以在鞋子里自由地伸展脚趾！请选择有足够空间、能让脚趾自由伸展的鞋子。

- **鞋跟尽可能低** 无论是穿细高跟鞋、跑鞋还是男式商务鞋，鞋跟的任意高度都会改变身体的角度。我们刚刚提到最好把身体的重心放在脚跟（离开脚趾），但鞋跟的存在会让身体一直前倾而无法将重心移至脚跟。可能需要一年甚至两年的时间才能过渡到较少抬起脚跟的状态。找一双相对低跟的鞋多做练习，逐渐增加穿低跟鞋的时间，最终过渡到可以穿平底鞋，而此时脚部肌肉也有足够的力量来支持你。

- **鞋底柔软** 脚上的许多骨头、关节和肌肉都需要通过运动来保持健康和强壮，但是大多数鞋子都太硬了，根本不能让脚自由活动。找一双柔软的鞋子，允许脚部最大限度地活动。试着扭转和弯曲鞋子，看看它的柔软度。柔软度越大，脚在鞋里活动的空间也就越大。

- **鞋面牢固** 木屐、拖鞋和其他轻便鞋貌似是更安全的选择，因为你不必弯腰系鞋带；但为了保持鞋子不会掉，你需要夹紧脚趾，这会导致脚趾和脚踝的肌肉僵硬变短。选择能将鞋面和鞋底牢固连接起来的鞋子，这样你就不必通过绷紧身体来让鞋子挂在脚上。
- **鞋尖不上翘** 有些鞋，特别是运动鞋，在鞋尖的部位向上翘起，不断迫使脚趾向上。找一双能够让脚趾自然平放的鞋子。

乔伊斯说

自从改变了活动方式，我注意到我的脚和膝盖有了很大的变化。

之前我的脚长期受到挤压，现在我的脚变宽了，脚趾也分开了。我的脚尖变平、变宽，拇囊炎也在逐渐消退。之前，我的脚趾关节处有像尺蠖一样的隆起，现在它们正在慢慢变直。我可以分别抬起和放下每只脚的脚趾。

由20年前的受伤引起的膝关节积液现在大部分已经消退。那时候我几乎走不了一个街区，有段日子甚至无法行走。在过去的9年里，我的脚、膝盖和髋部已经恢复了足够的灵活度和力量，可以支撑每天1.5~5km的日常行走。我可以自由地、愉快地上下楼梯，每周和朋友去山上、沙滩上徒步走两三次。快80岁的我还能有这样的活力和体魄，真是一件幸事。

第二章
平衡与稳定，克服对跌倒的恐惧

> 跌倒不会无缘无故地发生，人们不会因为变老而跌倒。
>
> ——美国国家卫生研究院（NIH）老年健康网站

我不记得第一次学会在行走中保持平衡的情景了，因为那时我只有一岁。但我可以告诉你，在掌握了这项技能之后，我的生活发生了巨大的变化。平衡在任何年龄段都是至关重要的，尽管成就族看起来更需要额外的努力来保持平衡。但是，根据我和数千人打交道的经历，我可以告诉你：很多人，不管年龄如何，并没有真正以一种高效、平衡的方式在走路。年龄并不是导致平衡力严重下降的唯一原因，更大的问题是久坐不动的生活方式——在这种状况下，你已经很久没有进行平衡练习了。一旦过了两岁这个身体组织充满弹性的年龄，跌倒的后果就比较严重。难怪许多成就族害怕跌倒，而这种恐惧也会渗透到他们对于运动的选择中。

几年前，我到访了新墨西哥州的陶斯印第安部落。在参观时，我了解到部落原有的建筑都没有门，各个年龄段的部落成员（有些年龄可能在五六十岁）都必须通过梯子爬到屋顶，然后从另一个梯子向下爬进入住所。虽然他们的寿命不如我们现在的许多人，但他们一生都保持着轻松爬梯子的能力。我正是从那时开始把自己对运动科学的理解和对人类学的理解结合起来的。上下梯子具有挑战性，仅仅是因为人们很少使用梯子，而如果这是一天内必须重复做的动作，人们通常非常自信。不难看出，人们会将几十年的缺乏运动与年龄增长所带来的缺乏稳定搞混。

尽管看上去"年龄"是导致大多数跌倒事件的明显原因，但根据美国国家卫生研究院的数据，年龄本身并不是导致跌倒的因素，美国疾病控制和预防中心建议应首先关注以下与运动相关的风险：

- 久坐的生活方式
- 下肢虚弱
- 脚部问题
- 步态和平衡困难

正如我的好朋友兼这本书的合著者们将告诉你的那样，肌肉无力的体验与其说是年龄增长所致，倒不如说是由于多年缺乏运动造成的。我们生活在一个科技时代，技术的影响范围正在逐渐扩大，我们对活动的需求减少了。因此，你所感到的不稳定状态很可能不是由于年龄引起的，而是太长时间没有锻炼平衡力所致。

害怕跌倒

导致跌倒的另一个危险因素是害怕跌倒。这意味着仅仅是害怕（或想象其后果）就足以改变我们的活动方式。

如果你经历过一次跌倒，那么自然而然就会对此保持警惕。

乔伊斯说

当我68岁的时候，我发现自己对爬上梯子从树上摘橘子这件事不再感觉安全了。一开始我并不相信这种感觉，但经过反复尝试，我仍无法克服登上第一或第二个阶梯后出现的那种不稳定和恐惧的感觉。显而易见，我失去了平衡感。对此，我感到很无奈，心想：哦，这就是变老的感觉。

> 那些虽然没有跌倒过,但是惧怕跌倒的人,未来跌倒的可能性会很大。

尽管如此,历时两年的研究发现,虽然不稳定感和之前的跌倒经历是造成恐惧的重要因素,但有18%的人在没有跌倒过的情况下仍存在巨大的恐惧感。

研究人员试图弄清到底是跌倒造成了恐惧还是恐惧导致了跌倒。研究发现,那些没有跌倒经历但对此持有恐惧心理的人在将来更可能跌倒,尽管他们会减少活动量以降低跌倒的机会。

大量研究的样本表明,恐惧本身就是导致跌倒的一个风险因素。当然,下一个问题是,为什么?或者更确切地说,怎么做?

我们可以对成就族的步态做一个概括,那就是行动迟缓,小步曳行。这个特点非常容易辨认。令人惊讶的是,研究表明,这种短步幅、慢脚步的行走方式在很大限度上是没有力学成因的;它涉及自我诱导式调整。这种类型的步态障碍,在无病、无跌倒经历、无肌肉衰弱(和其他同龄人相比)的健康成就族中,很大比例仅仅是恐惧导致的。

如果你害怕跌倒,自然就会改变走路的方式。当我从阳光明媚的加利福尼亚州搬到华盛顿州度过第一个寒冬的时候,我同样改变了走路的方式。我走得更慢了,还把脚向外张开,弯曲膝盖以降低重心,并开始拖着脚走。我最近开始留意,当自己身处一个容易跌倒的环境中时，我是怎么走路的。我注意到不仅是我的下半身进行了调整，我的脖子和肩也变得僵硬，手和脸也开始僵硬。任何人在湿滑的路面上行走或在冰上、雪地上待过一段时间，都可能改变自己的活动方式以防止跌倒。这些变化是害怕跌倒的自然反应。但我想让大家思考一下：从根本上来说，我们是

问题不在于跌倒，而在于跌倒的人

跌倒本身不是问题。跌倒的人有很多，但遭受的苦楚却不尽相同。跌倒的后果主要与身体跌倒时的状态有关，即身体与特定表面之间的接触。强健的组织（柔软的肌肉和韧带）、强壮的骨骼，以及快速调整的能力，可能会减少跌倒带来的影响。

因此，我建议大家不仅要提高平衡性和稳定性，还要提高关节活动度、肌肉量和骨密度。这似乎需要很多不同类型的练习，但好消息是本书中的运动计划同时解决了这些问题。我希望你不仅学会单腿平衡，还希望你在单腿平衡的时候学会动用髋部肌肉，然后肌肉会对髋部骨骼施加压力，发出"变强壮"的信号。我对每一个练习的形式要求看上去也许"过于挑剔"，但那只是因为这个练习同时针对多个问题。这样的话，通过一个练习就可以改善多种健康问题。

把"恐惧步态"错认为了"老年步态"。

我们走路的方式对肌肉有着深远的影响，反之亦然。当拖着脚走路时，你几乎用不到脚踝，这会令促进脚踝运动的肌肉僵直，而脚踝也就无法在需要调整动作时及时做出反应。当你一直轻微弯曲膝盖以降低重心时，大腿前部的肌肉可以得到很大的锻炼，但这会减少髋部的锻炼，即大腿肌肉紧绷，而髋部变得虚弱和僵硬，髋部的骨密度也可能会降低。

当实际风险增加时，调整走路方式可以帮助你降低跌倒的风险。但是，每走一步都小心翼翼，并不能最终使你免于跌倒。从长远来看，这会让你的身体变得虚弱，从而更容易跌倒。

降低跌倒风险的关键是强健体魄，拥有自信的步态。

练习跌倒

我们面临的最大的恐惧可能是对未知的恐惧。过了童年期以后，我们就很少跌倒。跌倒对我们来说是一个未知的状况。因为恐惧并且缺乏经验，我们在跌倒时往往会紧张，而紧张会改变跌倒时的作用力。

一位名叫埃利奥特·罗伊斯的成就族打算改变这一现状。在95岁的时候，他每天故意跌倒5次。他像职业运动员那样，反复地练习跌倒动作，直到能够像条件反射一样完成应对动作。罗伊斯故意反复跌倒在气垫上，以减少跌倒对身体造成的影响。他在《明星论坛报》的一篇文章中谈到了他的方法："安全跌倒的秘诀是三个词——弯曲、扭转和滚动。当你开始跌倒时，将膝盖朝着跌倒的方向弯曲，腰部扭转，肩朝着跌倒方向的反侧翻转。这将改变撞击点。这样一来，你不再是以髋部上的一个点来承担跌落的整个冲击力，而是将力量分散于你的小腿、大腿和骨盆。当你撞到地面时，通过滚动来进一步减小冲击力。"

罗伊斯调整身体以适应跌倒的方法（他已将这个方法教给其他成就族）是可行的。当他真的跌倒时，身体会自动做出保护性反应。警惕跌倒和害怕跌倒是不同的。强健的身体能够消除你的恐惧，找一个治疗师或运动教练来帮助你进行"安全跌倒"练习。

步如其人

稳定的行走始于双脚，这是我们在第一章就提过的。当你把脚趾活动开后，就到了解决脚踝问题的时候了。

稳定的行走需要大量的脚踝活动。你的脚踝越僵硬，就越需要拖着脚走；或是从髋部发力，将整个脚抬离地面。这两个动作都会让你更容易跌倒。走路时，脚跟先着地，然后过渡到脚趾。这种方式可以让两只脚之间的重心转移更加从容，小腿肌肉保持柔软和强壮。

双脚向前

走路时，为了充分利用脚踝，脚应该朝向前方，像汽车轮胎，而不是像鸭子那样呈"外八字"。将每只脚的外缘与一个直边对齐，如书本或地毯的接缝。当你把双脚放直，你可能会感觉到膝盖和髋部也在转动（如果你感到膝部外翻，请参阅第55～57页）。在本书的大部分练习中，你都将使用这种双脚向前的姿势，并可以将其应用于日常走路。**走路时不要强迫脚向前伸**，而是要注意脚外翻的程度，并减小外翻的角度（这一调整可以缩小膝盖间的角度，降低患膝骨关节炎的风险）。

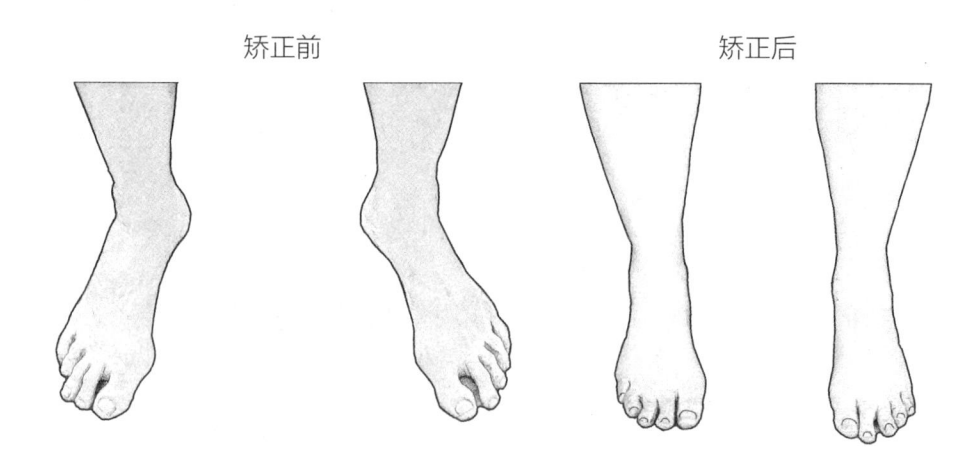

矫正前　　　　　　　　　矫正后

小腿伸展

小腿肌肉通常会限制脚踝的充分运动。这些练习能够很好地缓解小腿肌肉紧绷！

小腿伸展练习1

小腿伸展练习1针对的部位是膝盖后面的小腿肌肉。这就是你需要保持膝盖笔直的原因：弯曲就意味着拉伸减少。

在身边有墙壁或椅子能辅助平衡的情况下，将一条厚厚的、折叠并卷起的毛巾（或卷起的瑜伽垫）放在面前的地板上。赤脚或穿袜子踩在毛巾上——脚掌放在毛巾上，脚跟放在地板上。

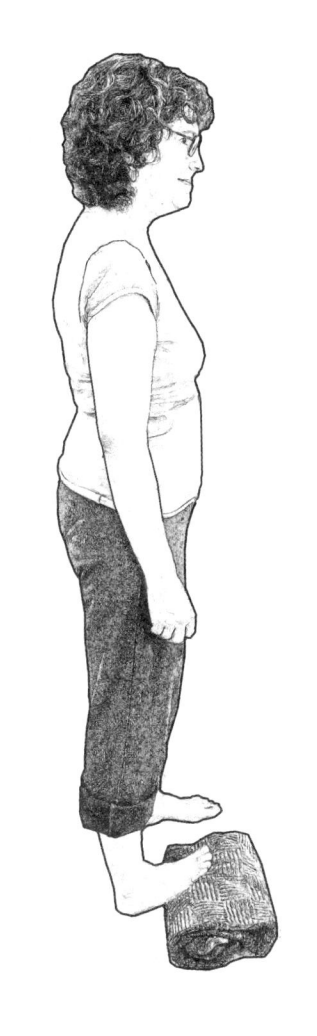

调整脚的姿势，使其指向正前方，并慢慢伸直腿。

保持身体直立（尽量不要前倾），另一只脚向前迈一步。

你的小腿越紧，就越难将另一只脚迈到前面。因此，刚开始练习时，不伸展的腿可以放在毛巾后面。如果身体前倾、膝盖需要弯曲或失去平衡，都要缩短两腿距离。

如果你想让拉伸更进一步，可以使用半圆泡沫滚轴代替卷起的毛巾。

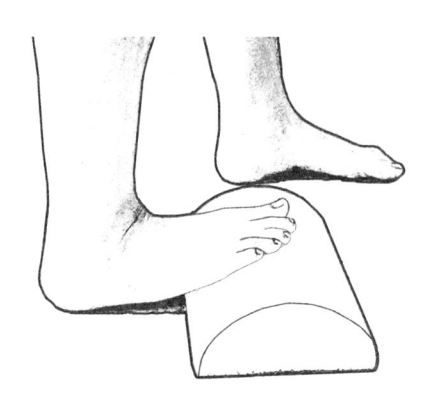

乔安说

刚开始，我每天至少做两次小腿伸展练习。几年后，在徒步旅行时我注意到一个有趣的变化。以前爬山的时候我因为无法放下脚跟，通常用脚掌着地。后来经过大量的小腿伸展练习，我脚踝的活动度增加了，可以在上坡时脚跟着地。小腿伸展练习改变了我在上坡时用到的肌肉，之前使用股四头肌（大腿前部），现在使用大腿后部肌肉和臀肌。凯蒂曾说，走路时使用大腿后部肌肉和臀肌（她称之为"后推力"）可以帮助重建髋部。她是对的！这正是发生在我身上的事。在过去的几年里，本书的合著者们和其他认识我的人都指出，我的髋部肌肉有了显著发育。除了在运动时拥有更好的力量和稳定性，我很高兴看到紧实的髋部肌肉"填满"了我的裤子后侧口袋。

小腿伸展练习2

小腿伸展练习2针对的是小腿中较深层的肌肉——比目鱼肌,它能够影响脚和小腿的活动。这个练习需要屈膝!

从小腿伸展练习1的姿势开始,将脚踩在卷好的毛巾或半圆泡沫滚轴上,弯曲膝盖,轻轻向前推,同时将脚跟压向地面。

这两种小腿伸展练习都是为了提高在平地和上坡行走时脚踝的活动能力。

良好的运动效果需要依靠完美的行走能力,这需要平衡力,而平衡力又在很大限度上取决于某一组特定肌肉的力量——髋部外侧肌群的力量,我们会在下一章讲到。

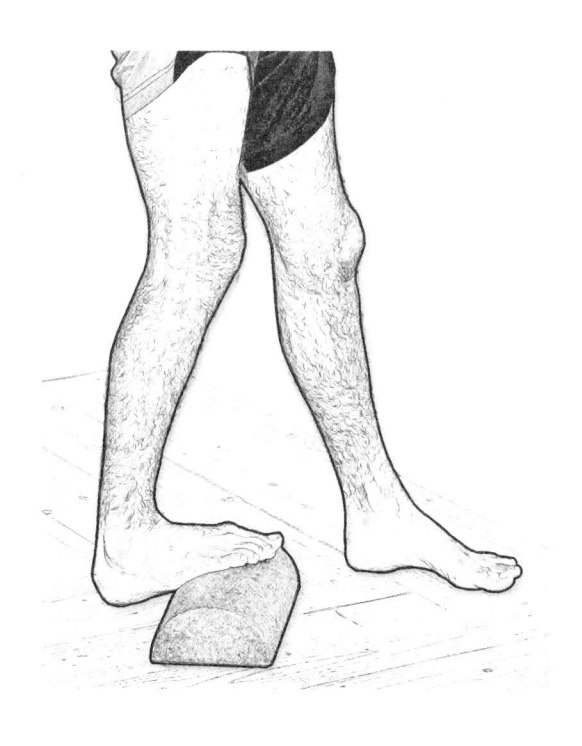

罗拉说

我从一开始就爱上了半圆泡沫滚轴。经过伸展运动,我的不宁腿综合征立即消失了。由于半圆泡沫滚轴是我当时唯一的运动道具,我把这个奇迹都归功于它。从第一次接触凯蒂的课程到之后的七年里,我养成了在厨房里放一个半圆泡沫滚轴的习惯。每天早上,我吃有四道菜的早餐,做强化思维游戏,关注时事新闻,做小腿伸展运动,所有这些都让我感觉活力十足!

乔伊斯说

在和凯蒂一起练习几年后,我能够再一次毫无恐惧地爬上梯子和台阶。这是一种奇妙的感觉,我很感激这种发自内心的力量。在过去的几年里,我又一次意识到我可以上楼、下楼、上山、下山,以及各种跳跃。我可以蹲着、舒服地坐在地板上、睡在地板上、跪着、挂在树上、在单杠上摆动……这些都是我小时候再熟悉不过的动作,直到中年的某个时候,它们不再是我常规动作里的一部分。

第三章

强健的髋部和单腿平衡

想要拥有强健的髋部，就要从双脚开始练习。双脚具备灵活度很重要，双脚之上的身体姿势也很重要。在前面的章节中，你已经学会了如何将髋部回收、上提以便将身体重心从脚掌移开。当髋部前倾时，脚掌便会用力抓紧地面，因为双脚正努力阻止身体朝前跌倒。可见，髋部回收、上提（见第20页）不仅对脚部和髋部健康有好处，同时也是防止跌倒的快捷方法。这很容易，对不对？

强健的髋部有助于身体稳定。通过调整日常站姿，便可以提高身体的平衡性，还可以锻炼髋部两侧的肌肉。通过主动调节身体姿势，上至头顶的肌肉，下到脚底的肌肉，都会开始以一种细微但稳定的方式支撑身体。新的身体姿势锻炼了新的肌肉，久而久之，身体便有了新的支撑，不再感到疲惫。以下是一些站姿指南，可供练习。**注意**：本章所涉及的练习和站姿，必须在赤脚或仅着袜，或穿完全平底的鞋子时完成。如果穿的是有跟鞋，无论鞋跟多低，绝大多数动作都将无法完成。

双脚与骨盆同宽

站立和行走时的双脚间距不可忽视。行走时，双脚间距过大或过小都会影响身体的稳定性及走路所涉及的肌肉。当然，有时为了适应不同的地形，我们还是要调整双脚间距的。如果只是站着的话，双脚间距就要等于骨盆宽度，而且身体重心要位于双脚间距的中点。这个体位不仅会让我们站得更稳，也会帮助我们在开始走路的时候调动肌肉。

双腿站立

能否激活髋部两侧的肌肉（见第60页的图片）取决于下半身的姿势。膝盖轻微弯曲就会导致髋部侧面的肌肉失去活性，因此，为了更好地激活髋部侧面的肌肉，首先必须纠正膝盖弯曲。

在把身体重量拉回到脚跟之后，伸直膝盖（如果存在膝盖超伸的倾向，就稍微弯曲一点），直到膝盖位于髋部和踝关节所在的直线上。我们还可以利用镜子和铅垂线来协助定位膝盖的正确位置。

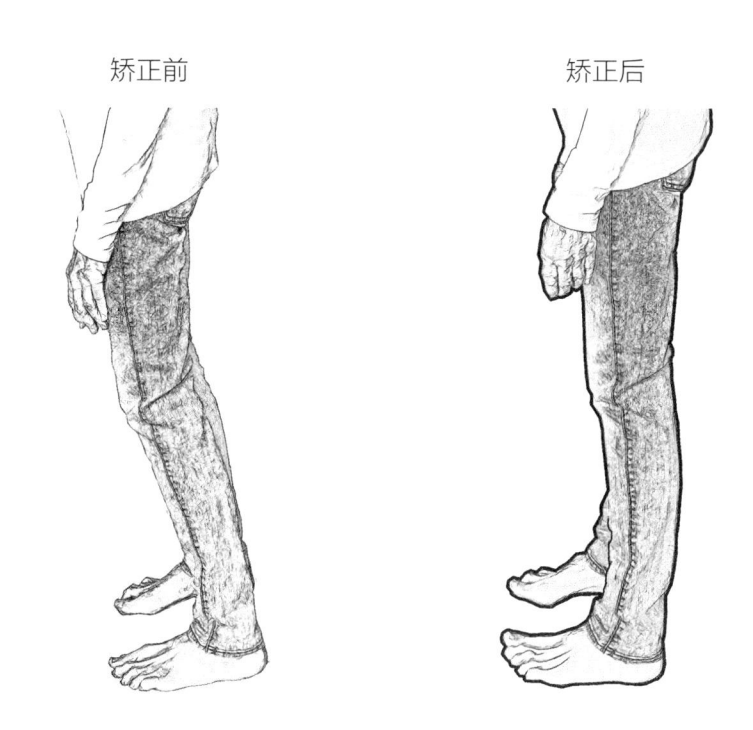

矫正前　　　　　　　　矫正后

髌骨放松

如果髋部前倾、膝盖轻微弯曲的状况已经持续了几十年，那么股四头肌（位于大腿前部，连在髌骨上的肌肉）便一直在极力阻止身体向前跌倒。虽然身体并没有真的跌倒，但是，这些压力会把髌骨拉向膝关节深处，进而缓慢摩擦膝关节下方的组织。

放松股四头肌可以减少髌骨和膝关节之间的磨损，还可以让大腿两侧和后部的其他肌肉充分发挥作用。最终，在你站立的时候，髌骨也能处于放松状态。但一开始，还是尝试先坐着进行练习吧。

坐在椅子前部，双腿向前伸直，脚跟放在地板上。如果膝盖是弯曲的，那么髌骨就无法放松，因此，让双腿一直伸直。如果你有膝盖酸痛或僵硬的情况，那就可能要花上一点时间来适应。要是有面镜子，坐在能从镜子里看到腿部侧面的地方，这样一来你就能发现膝盖是否有轻微的弯曲。只要双腿可以伸直了，就开始放松股四头肌，你会注意到髌骨朝着脚踝的方向有明显的下沉。

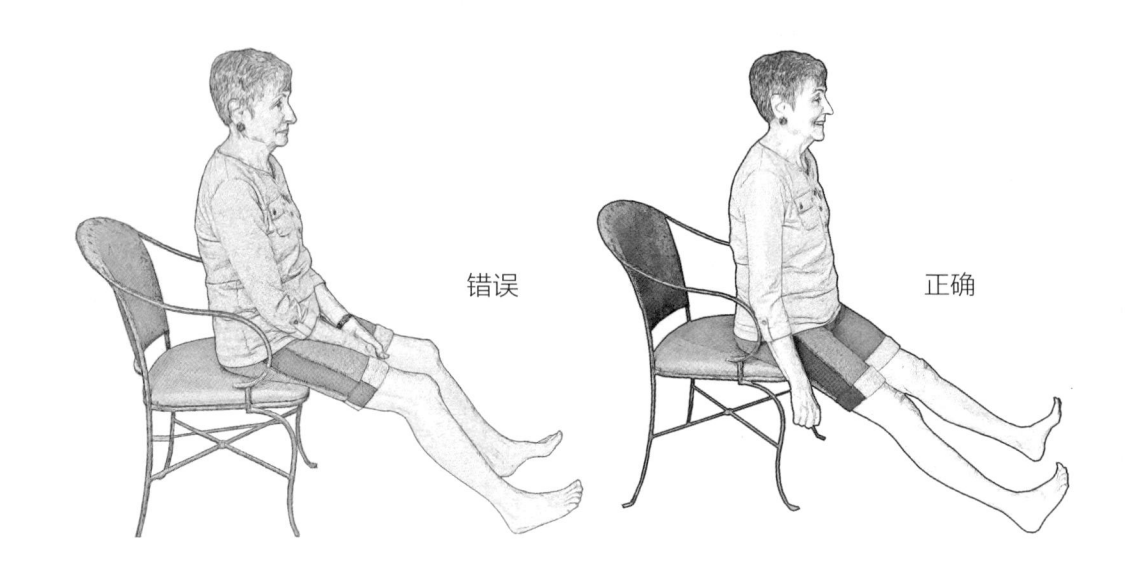

错误　　　　　　　　　　正确

一旦能够坐着放松髋骨，就站起来试一试。你可以用臀部抵着墙，把双脚放在离墙30~46cm的地方，伸直双腿，试着用这个姿势上提和下沉髋骨。

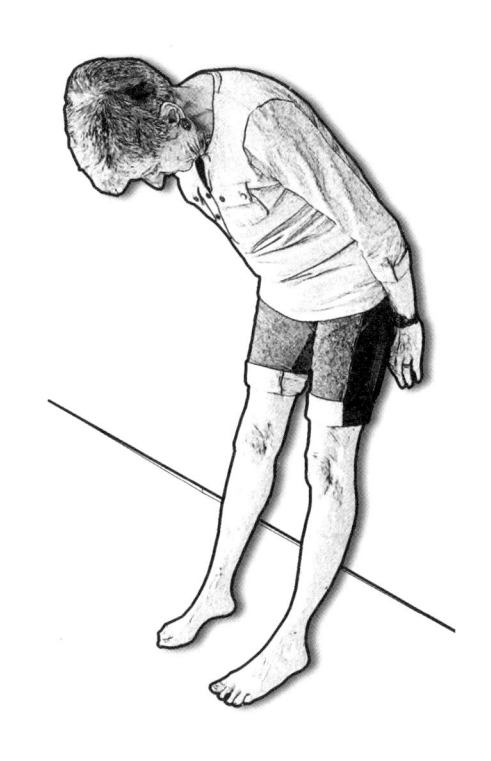

现在试着完全站直。这是个巨大的挑战，因为你可能已经习惯了用轻微弯曲的膝盖来支撑身体，一旦不再依靠椅子或墙壁，身体就会"重蹈覆辙"，回到之前的错误姿势。为了能够完全站直，你可以站在镜子前面，重心后移至脚跟，然后伸直双腿。这么做能放松髋骨了吗？

要是还不行，从上一个你能够完成的动作开始重新反复练习。相信自己，你一定能够掌握这项技能。只要你经常练习，穿能够让你把重心后移的平底鞋，就一定会成功。

如果股四头肌已经对髌骨持续施加了长达几十年的压力，那就得每天上百次地提醒自己下沉髌骨。虽然听起来很烦，但这实际上是件好事！因为，每提醒自己一次，你就会把下沉髌骨的想法在潜意识中加深一次，慢慢地就会养成习惯。这样，每次调整的时候，你活动膝盖的方式都和以前不同了。

股四头肌收缩，髌骨上提　　　　股四头肌放松，髌骨下沉

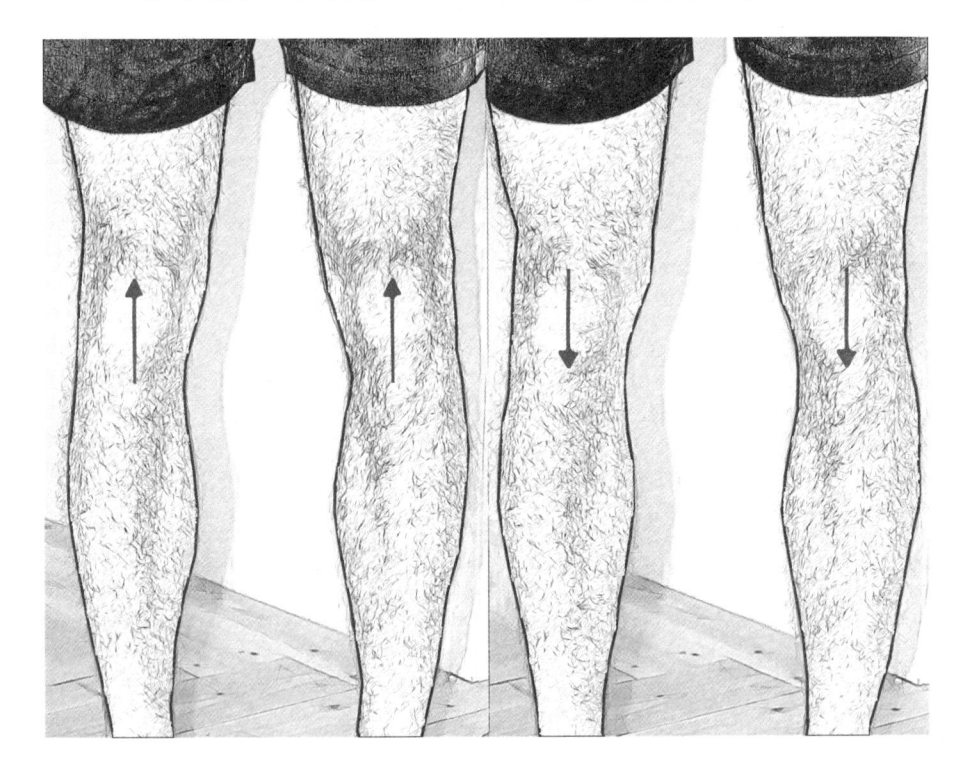

成就族的建议

要想放松髌骨，必须先收缩它们，然后再放松。要是髌骨没有动，就用手指轻拨，让肌肉产生知觉。对多数成就族来说，放松髌骨可能是件很困难的事。因为大家都长期收缩股四头肌，所以髌骨就被锁住了，放松髌骨的能力也就麻木、迟钝了。

腘窝置于正中

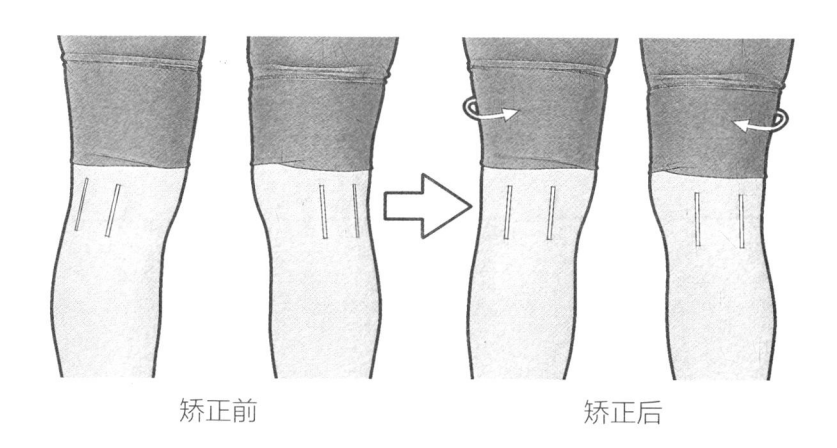

背对镜子光腿站立。转过头去，或者弯下身看一下膝盖后面。这时，你会看到每条腿上都有两条凹痕，这些凹痕之间就是腘窝。理想状态下，四条凹痕都应该是竖直对齐的，因为双脚是朝着正前方的。这就意味着，在向前行走时，脚踝和膝盖能够相对固定你行进的方向。

矫正前　　　　　　矫正后

多数情况下，由于身体不同的运动方式，四条凹痕便不再竖直对齐了。想要对齐膝盖和脚踝，你需要转动两条大腿，使四条凹痕居中。换句话说，向外转动两条大腿的前部，抬起双脚内侧缘。如果想保持双脚平放，可能会伤害膝盖（见下面的说明栏）。

对膝盖有益的大腿外转方法

由于脚部僵硬，当第一次转动大腿的时候，几乎不可能把脚底平放在地面上。**当大腿向外转动时，不要强迫双脚紧贴地面，因为这会伤害膝盖。** 抬起双脚的内侧缘，这样当大腿向外转动时，你就可以把力量转移到双脚外侧缘。如果能够坚持练习，慢慢地，你就会减少抬起双脚内侧缘的次数。当双脚活动更为灵活以后，就可以平踩在地面上了。

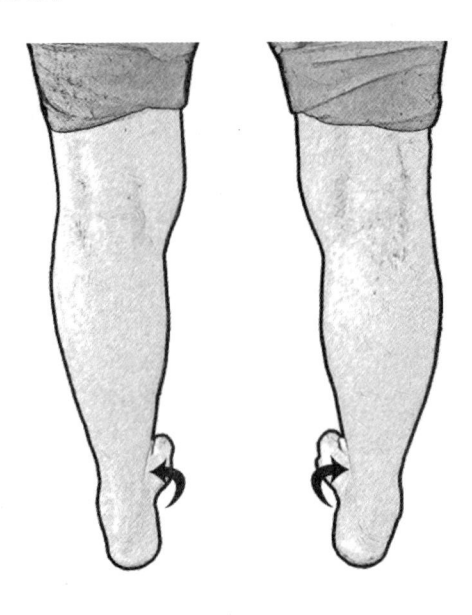

两条大腿转动的幅度不太可能会是一模一样的。因为双脚很少有完全对称的，这就意味着矫正练习也不可能是对称进行的。换句话说，你左侧大腿的转动幅度可能要比右侧大腿大或小，才能对齐所有腘窝。

感知身体平衡

当运动量过少时，身体就会丧失对姿势快速变化进行及时调整的能力。因此，当久坐后站起时，身体就会由于缺乏练习而不知所措。

在单腿站立时，我们的身体会摇摇晃晃，但有些时候，就连在双腿站立时，身体都可能不稳。这也就是我要从双脚能牢牢地踩在地面上时就开始讨论身体平衡的原因。

把身体摆正（脚放正，腿伸直，髋部位于脚跟之上，等等），**轻轻地扶着墙壁或椅子**，闭上眼睛，感知身体。当用双脚站立的时候，你觉得身体在来回晃动吗？

恢复身体平衡的第一步，是每天花费5~6分钟练习静立。重复这个练习，但是不要把注意力放在感知身体的晃动上，而是要试着稳定身体。不要紧张，心中要想着身体是放松而稳定的，而不是一尊"僵硬的雕像"。

如果你能在双腿站立时保持身体平衡，就可以练习单腿站立了。

乔安说

在凯蒂对我进行的首次治疗中,她向我展示了如何改善我的站姿:双脚向前,脚间距与骨盆同宽,重心放在脚跟。我感觉自己的双脚呈"内八字"站立,无法站稳。凯蒂指出我因为肋骨外翻而压迫了后腰(导致我常年腰痛),还向我解释了我的骨盆前倾、爱收肚子是如何导致腹肌无力、便秘和骨盆脏器脱垂的。在那次治疗中,我第一次发现自己有肋骨外翻、骨盆前倾和收肚子的问题。于是,我的治疗之路开始了。

在和凯蒂见面的一年前,也就是2008年,我被医生安排了骨盆重建手术来"矫正"脏器脱垂。现在我已经不需要手术了,而且盆底肌在逐渐好转。现在我可以穿着五趾鞋徒步走几千米。同样,伴随了我大半辈子的慢性便秘也在2012年彻底解决了。这一切都是从改变站姿开始的!

首先,观察身体如何平衡。**轻轻地扶着墙壁或椅子**,试着单腿站立,哪条腿都可以。看看为了保持身体平衡,你都需要做些什么——脚趾是否在用力抓紧?腿是不是绷紧了?膝盖弯曲了吗?是否靠在了墙上或椅子上?有没有来回摇晃?骨盆是否前移了？单腿站立能稳定多久？

在观察完之后，接下来就是练习。能放松脚趾吗？能把髋部后移至脚跟上方吗？能在伸直膝盖的同时不锁住髌骨吗（例如，能抬升髌骨吗）？肩部能下沉吗？能放松呼吸吗？是否去掉了其他不必要的身体反应——在单腿站立时无须出现的体式和肌肉紧张？这样多次练习过后，你就能熟练运用必需的身体部位来维持单腿站立了。再次强调一下，单腿站立时，你的身体应该是放松而稳定的，而不是一尊"僵硬的雕像"。

单腿站立听起来像是马戏团的把戏，但实际上行走的过程就是单腿站立的过程——左腿、右腿不断交替。单腿站立时，站着的腿的骨骼和髋部外侧肌肉必须足够强健，能够承受整个身体的重量。如果髋部肌肉不够健壮，你就要被迫缩短步幅（实际上就是减少一侧髋部支撑身体的时间）或拖着脚走（也就是从来没有单腿站立过）。

如果用健壮的髋部肌肉抬起左腿，那么右髋部外侧肌肉会将骨盆右侧微微向下压，从而稍微抬起骨盆左侧。在骨盆左侧抬起的过程中，左腿有了更大的摆动空间，使迈步变得更为容易。当髋部肌肉这样运动时，行走者不仅能够更好地维持身体平衡，而

> **侧臀肌群**
>
> 把右手放在髋部，然后下滑至大腿上方。手摸过的地方，就是侧臀肌群（用于骨盆侧沉，见第62页），包括阔筋膜张肌、臀中肌和臀小肌。
>
> 臀小肌　　　　　　臀中肌
>
> 阔筋膜张肌 →

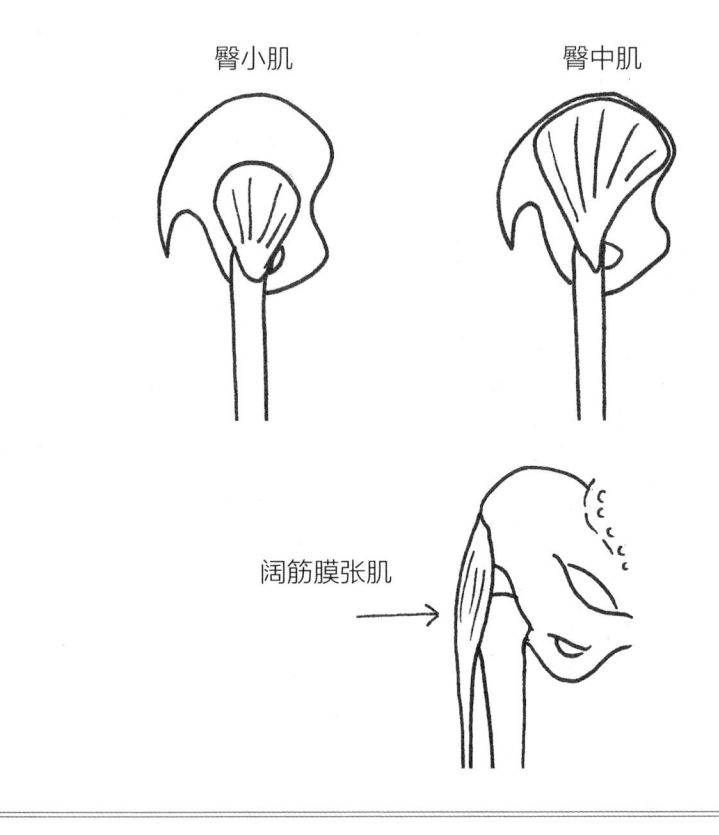

且他的整个骨盆也能得到锻炼，变得更加强壮，在跌倒时也不易骨折。这是一个良性循环——用于走路的肌肉越健壮，走路就越稳定，这反过来又会继续强化身体。

乔伊斯说

当凯蒂第一次跟我说，我其实是在跌倒，而不是在走路时，我简直无法相信她的话。我可以一直走得很快！在一生中的大部分时间里，我都是一个狂热的徒步旅行者和"背包客"。也许其他人走路是在跌倒，但我肯定不是。

我花了好几个月的时间来观察我的行走状态，寻找跌倒的迹象。经过深入观察，我果然发现我是在向前摔，每只脚都砰的一声"跌落"在地上。发现了这一点之后，我就开始下意识地纠正、锻炼和练习。凯蒂的课程正是我需要的，因为我可以在它们的帮助下用单腿支撑起身体。如今，我走路更稳了，尽管还有可以改进的地方。

我的终极目标是，在走路的时候能够保持完美的平衡，也就是说，我可以完全控制我的双脚，让它们安静地落在我指定的地方。

理想情况下，髋部外侧肌肉应该有足够的力量和持久度以支持抬腿和迈腿的功能。不幸的是，许多人（各个年龄段都有）的髋部肌肉不够强健，走路变成了一件痛苦的事情。原本简单的走路现在变成了一系列快速、持续的跌倒。

很多人在骑自行车的时候不会摔倒，但当自行车停止不动的时候，却很少有人能够双脚离地、坐在自行车上而不摔倒。这是为什么呢？原因就在于，连续向前运动抵消了平衡缺失。就像骑自行车的人对上千次肉眼不可见的即将摔倒进行了超快速纠正一样，对饱受现代生活"摧残"的身体而言，走路其实只是在一次又一次地对跌倒进行控制和纠正。

骨盆侧沉

骨盆侧沉是一项为了强化单腿站立所需要的肌肉而专门设计的练习。

轻扶墙壁或椅子，双脚向前站立，两个脚踝之间的距离与骨盆宽度相当。把重心移回脚跟，双腿保持直立。把左手放在左侧髋部，用左髋部外侧肌肉将骨盆左侧朝着地板方向压。这个向下的动作会让你的右脚抬离地面。检查一下，确保两个膝盖都没有弯曲。注意，如果右脚没有离开地面，不要灰心，继续练习，直到右脚可以抬起。

脚要
离地

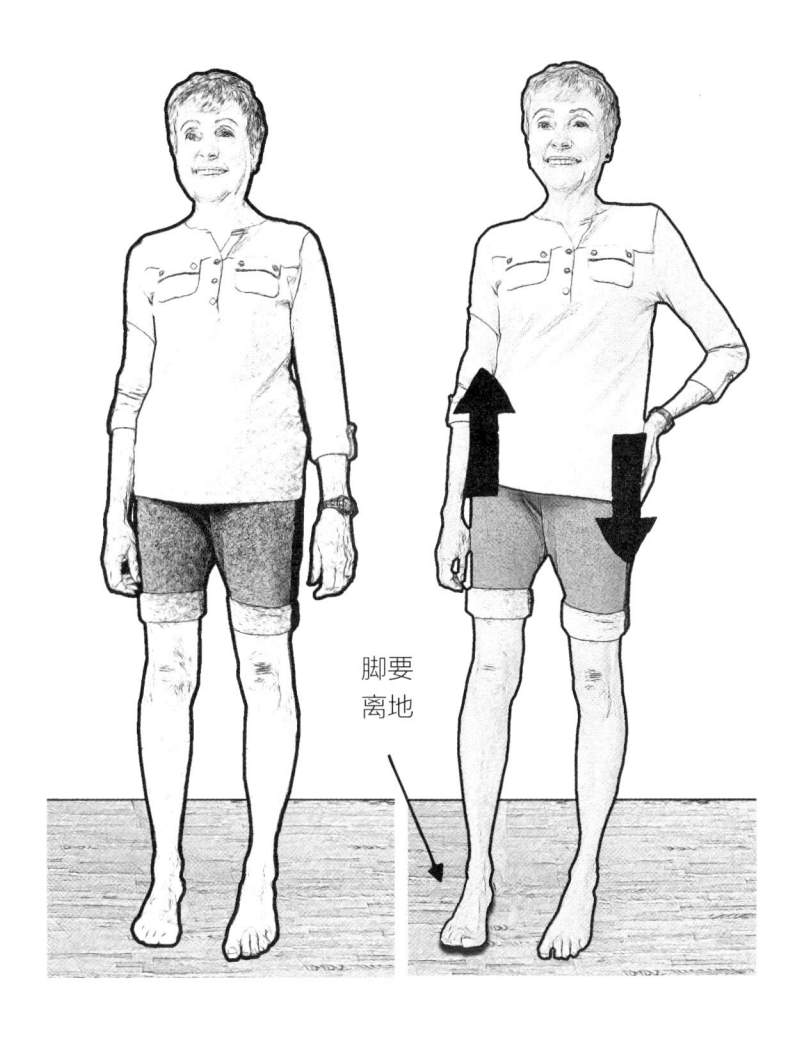

注意观察。站着的脚在晃动吗？抬起的脚是否在不停地落地？骨盆向前移动了吗？膝盖是否弯曲？能不扶东西了吗？这些都是走路时髋部外侧肌肉没有完全起作用的迹象，也就是说，于你而言，走路更像是个不停跌倒的过程。不过，这也是个好消息，因为这意味着，随着髋部力量的增强，你就能更好地调节走路姿势，而不需要其他动作补偿。

> **谢拉说**
>
> 我最喜欢的矫正练习是骨盆侧沉。这么多年来,我每年都要出国好几次,参加与手工艺或纺织相关的旅行。在改变走路方式之前,每次旅行时我都会至少摔一跤,通常都是摔在街道或台阶上。在向凯蒂学习了一段时间之后,我就不再跌倒了。现在,即便是在崎岖不平的路面上,如不是很高的窄桥、鹅卵石小道等,我也觉得信心满满,因为我的平衡力大大提高了。同时,骨盆侧沉不受器材和场地局限,在每次旅行时我都会练习!

继小腿伸展练习之后,骨盆侧沉是我第二喜欢的矫正练习,因为这个动作会带来非常大的改变。不仅如此,骨盆侧沉也是一种能够轻易融入日常运动的练习。一开始,你可能会把它当成一种锻炼身体的方法,但很快你就可以把这个动作纳入你所迈的每一步当中。每一次迈步,都是一次锻炼骨盆的机会。注意动作要标准,也就是说,不能通过抬高身体一侧的下背部来提升骨盆,要把站立腿的髋部向下压。如果想要及时纠正错误的做法,摸一摸站立腿的髋部外侧来提醒自己:"这才是应该发挥作用的地方。"

第四章
走　　路

活动越多，身体就越强壮，你也会感到越舒适。这也会让你愿意去做更多的活动，你对自己的身体也会更有信心……看明白是怎么回事了吗？

走路，看起来是一件不起眼的小事，却是众多人类活动的基础；同时，走路也是一个与他人、与自然互动的绝佳方式。学习如何运动，就包括学习走路。本书中所提到的姿势调整和矫正练习，包括后面会讲到的头部和肩部练习，都是为了帮助大家加强锻炼经常被忽视的身体部位，从而能更好、更自信地走路。

保持正确的身体姿势

你已经学会了在站立和锻炼时调整身体姿势的方法，可以将其融入走路，以获得更好的身体平衡性和稳定性。如果身体感觉还不错，可以继续按照下面的练习来锻炼。一次聚焦一个练习最为容易，不过，随着身体日益强壮，许多练习就可以自然地同时进行了。

- **双脚向前**　如果"外八字"比较严重的话，一开始只需稍微转动双脚即可。详情见第44页。
- **重心放在脚跟**　不要人还没进屋子，髋部就先进来了。详见第20页。
- **骨盆居中**　骨盆上有几个骨性突起，可以用来轻松判定身体姿势。如上所述调整双脚和双腿之后，移动骨盆，直到髂前上棘（骨盆前部的骨性突起）与耻骨联合对齐。对多数人来说，这个动作意味着要展开骨盆，使骨盆前部向着前方。做了一段时间后，你会感到臀部挺起

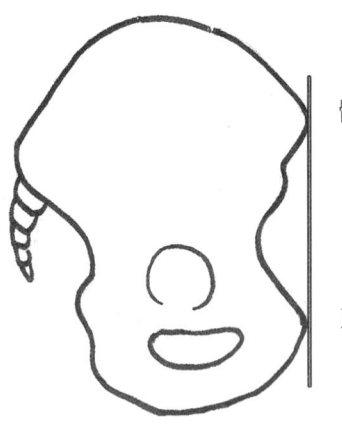

来了，这很好！正如提臀可以更好地支撑髋骨和髋部肌肉一样，在站立、行走和负重的时候保持骨盆居中有助于髋部、脊柱、身体核心和盆底最有效地承担体重。

- **胸廓居中** 为了保持胸廓居中，要把肋骨下缘、髂前上棘和耻骨联合放在同一个垂直平面上对齐。人体的核心肌群位于骨盆和胸廓之间。当骨骼放正了以后，在站立和搬运时，核心肌群就能最有效地承担体重。胸廓居中后，上背部的弯曲程度暴露无遗。如果发现自己正直勾勾地盯着地面看，那就赶紧看下一步！

- **头部回移** 不要抬头，将下巴回收，直到耳朵与肩平齐，拉长颈部后方（当你下巴至少挤出两层的时候，动作就到位了）。这套动作会活动上脊柱，减少在胸廓居中时暴露出来的上背部弯曲。

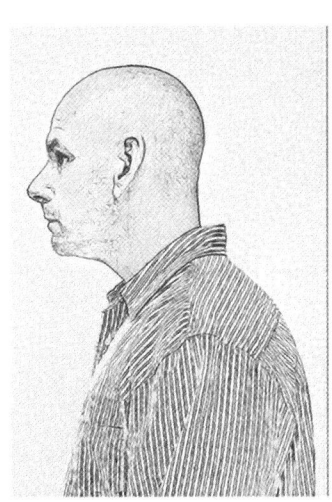

矫正前　　　　　　　矫正后

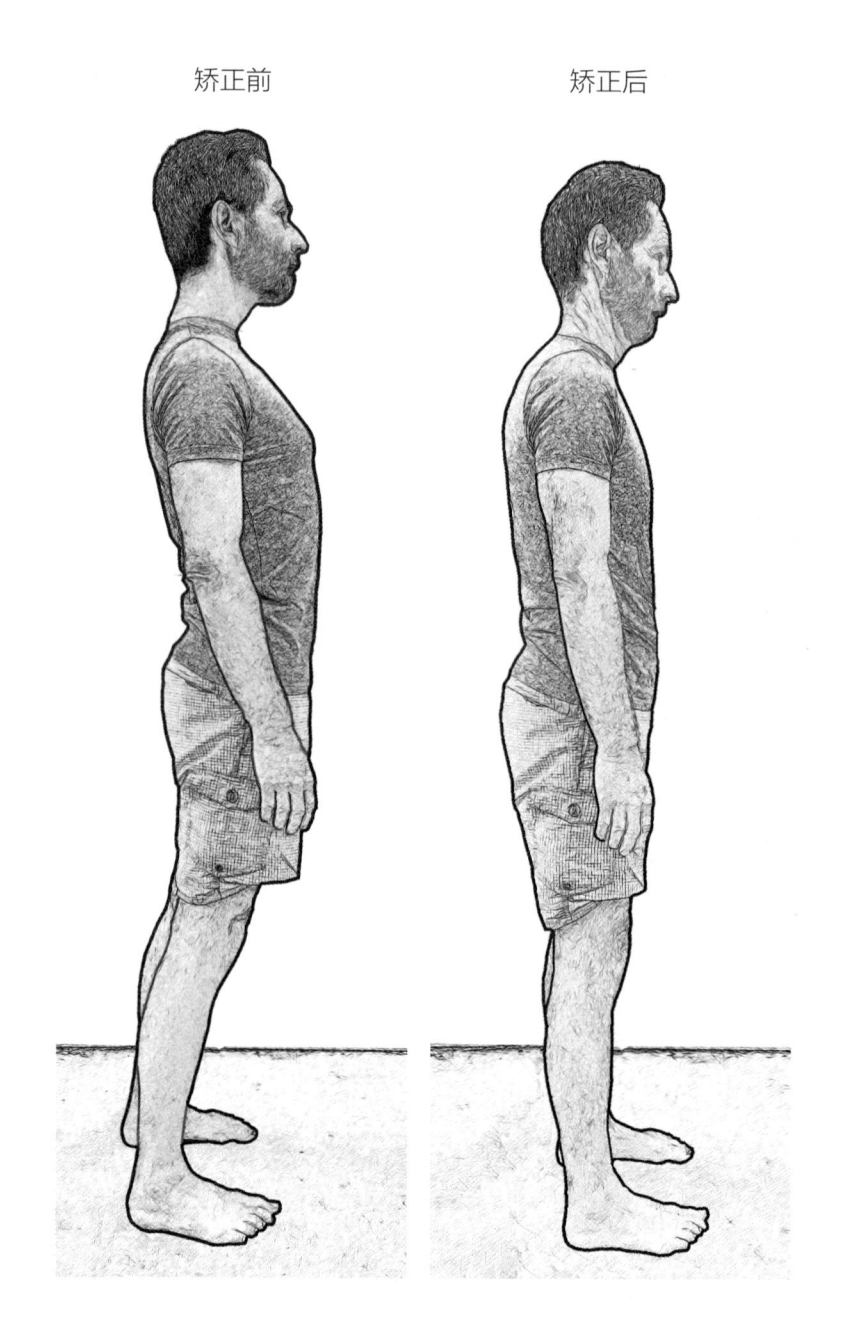

　　一旦发现走路变得更轻松了，你就可以通过以下方式给走路增加一点挑战。

增加步行距离

试着每天多走点路。如果现在能走1km，那就再多走5～10分钟，慢慢加量。有的人喜欢用计步器，有的人喜欢计时，还有的人只关心已经走过了多少路。坚持下去，你很快就能发现，你已经超过了自己的"正常"行走距离，突破了自我极限。

增加走路频次

记住，不必一次性走完所有的路。事实上，分次走路才是更好的选择，因为这样你就可以在一天中外出多次。有研究显示，这有助于改善动脉的状态。例如，每天3次、每次2km的行走要比一次性走5km更健康，尤其是在大部分时间都久坐不动的情况下。不过，持续步行1小时可以提高连续步行的能力。因此，为了能多活动，坚持步行1小时，并在此基础上时不时地多步行10～15分钟吧！

改变步行路线，激活大脑

一个保持大脑活跃的简单方法就是创造惊喜。这非常简单，走路时选择一条与平常不同的路线就可以。这样你的大脑就不得不保持警觉，时时提高注意力。即使是调头走常走的路线，也会让大脑活跃起来，使身体力量一点点增强。

练习坡道走路

在坡道走路和在平地走路所用到肌肉和关节是不一样的。如果你从不上坡、下坡,哪怕是很小的坡度都不曾走过的话,就会丧失坡道行走所需的力量和耐力。因此,找几条距离很短的坡道,哪怕是附近的一条缓坡道,或是当地公园里的一座小山,一周上上下下走几次吧。

楼梯不是坡道

虽然走楼梯也是练习上下行走的一种方法,但在走楼梯时,身体的运动方式却不同于上坡、下坡。台阶是平坦的,高度和长度也是固定的,这会强迫身体以一种特定的方式走动,这种方式常常对膝盖有害。有一种轻松走楼梯的方法,就是在走楼梯时注意身体姿势(参见第93页)。另一种方法是让自己适应上坡、下坡,对坡道行走适应得越好,走楼梯就越快!

增加"交际维生素"

我们常常会忽视维持身体健康的一个因素,就是对他人的需要(详见第128页)。事实上,我们想要身体充满活力的首要原因就是它能让我们走出家门,融入世界,与所爱之人相伴相依。不要独自一人锻炼身体，也不要在与人社交的时候静坐不动，而是要将两者结合起来，让"营养"加倍！找个可以一起走路的伙伴或组建一个走路队。如果不再把走路仅仅视为锻炼身体，那么就很容易增加行走里程，换路线、增加坡道也会成为有趣的挑战。在与他人同行时，聊天、大笑和倾听对身体有着巨大的益处。另外，和伙伴或小队一起约着散步，你会多一份责任感，你可能会因为这种责任感而增加运动的次数。

增加"自然维生素"

之前有研究已经证明了自然环境能够治疗身心。最近的研究表明，绿色和蓝色空间（静水幽深或流水潺潺）对成就族益处更多。已经有许多人通过自然之旅来"逃避现实中的一切"，对成就族而言，回归自然的好处更多。

杰西卡·芬莱曾是一项研究的助理，该研究旨在探明自然环境对成就族生活质量的影响。"我们仔细观察了65～86岁成就族的日常生活。结果发现即使是一件普通的小事，比如静听流水声或蜜蜂在花丛中的嗡嗡声，也能深刻影响着他们的整体健康。"芬莱正在研究人工建筑和人造环境对晚年健康和生活的影响。"如果有机会在日常生活中接触绿色和蓝色空间，那么成就族就会走出家门，走向室外。反过来，走出去又会激励他们在运动、情绪和社交方面变得积极、主动，这些都可以消除慢性疾病、残疾和孤独带来的不利影响。"

你可以找一个能散步的公园或池塘。你还可以加入当地的成就族社团。这些社团会组织成员进行观赏鸟类或植物的徒步行走活动，将"自然维生素"与"交际维生素"结合在一起。你还可以在森林里和朋友们小聚一番，享受"森林浴"。

增加"质感维生素"

如果害怕外面的崎岖地形，你就要在走路训练中添加"质感维生素"。在完成脚部练习和"枕头列车"行走（见第74页）之后，你就可以开始在人行道旁的草地上做些温和的、和以往不同的脚部运动。我有一个已经用了一段时间的方法，就是一只脚踩在路沿上，另一只脚踩在路面上，以这种姿势小心地走10~20步，用来强化锻炼双脚、膝盖和髋部，增加在颠簸地面行走的能力。

有目的地行走

保证每天走路的最好方法就是令行走变得有意义。一开始，你可以在办事或赴约时不再乘坐交通工具，选择步行。步行距离自然而然地就延长了。如果某个地点太远了，那就把车停得离目的地远一些，或者提前几站下车，这样也可以多走点路。

谢拉说

我的车大约在5年前被偷了。几个月后，我便决定不再重新买一辆了。虽然我的驾照还在，我还可以开车，但我发现，不开车的话我就可以愉快地四处走走。偶尔乘坐出租车比自己买一辆车要更加实惠，也少了很多烦心事。

我住在市中心，公共汽车站、杂货店和购物广场距离我家都不到2km。我还有一辆购物推车，可以用来搬运过重的物品。

我也有很多非常友好的朋友和亲戚。如有必要，我可以搭他们的车到附近的任何地方。

对我而言，这些都是非常管用的，因为我现在不畏惧走路。会开车不是我独立的标志，会走路才是！

勿忘障碍物

障碍物会增加跌倒的风险。这就是为什么其他宣传"健康养老"的方法中都有提到家里不要出现某些物品，比如电线或有卷边、高边的地毯。但是，如果清除了行走路径上的全部障碍物，也就一并清除了适应这些障碍物的机会，你就无法得知自己应对障碍物所需的力量和速度。每时每刻都将环境清理得干干净净虽然会起到些许预防跌倒的作用，但也很可能在以后令你"栽跟头"，因为你的"安全活动"只能局限在家中。解决这一困境的方法是在可控的条件下进行障碍物练习。我可不是建议你在家里乱扔东西，因为这会增加跌倒的风险，但是我真的建议你在日常锻炼中增加障碍物练习。以下是一些简单而安全的障碍物练习。

- **胶带"平衡木"** 在地板中心用胶带贴一条线，从这条线上走过，练习初级平衡。
- **"枕头列车"** 在干净地面上放一排低且宽的柔软物体，如枕头、靠垫、折叠的毛巾和毯子，然后赤脚从上面走过。

- **高障碍物** "枕头列车"练熟了以后,可以铺一些更高的物体来练习。最开始先放几本书,随着敏捷度的提高,物体的高度也增加。
- **小障碍物** 把圆润、光滑的石头放在枕头上,然后在上面慢慢走路。练熟了之后,试着把石头放在瑜伽垫、地毯甚至硬木地板上,然后踩上去。记住,你得慢慢过渡才行!

脱掉鞋子

鞋子会影响肌肉活动的方式及肌肉用力的程度。你可以在脱鞋的情况下尝试每一项室内运动,以增加身体平衡力。人体有25%的肌肉位于脚踝以下。脱掉鞋子,"唤醒"双脚,调动那些被忽视的肌肉,去锻炼平衡力吧。如果是赤脚行走,一定要清除任何尖锐或潜在的危险物品。如果双脚有任何神经性病变的话,就更要小心(更多和脚部相关的信息和练习,参见第1章)。

保持放松

试着找出那些"瞎忙活"的肌肉。轻微的膝盖弯曲、脚趾紧收、颈部和肩部紧张都是身体不稳定时的常见反射,长期保持这些姿势最终会对健康的步态造成不利影响。

设想一下：当真的需要平衡身体的时候，你之前为保持平衡而形成的肌肉状态会再次呈现。如果在单腿站立时你的脚趾紧收，那么在步态周期的平衡阶段，你的脚趾也很可能是紧收的。脚趾紧收会影响脚处理新信息的能力，从而导致身体无法对新环境做出反应，无法平衡。如果一块石头放在了人行道，紧收的脚趾可能无法感知这个信息，也就无法将其传送到大脑，那么你就更有可能绊倒。如果脚趾僵硬（大多数成就族都是这样的），那么你很可能在运动的时候会强化这个坏习惯，尽管运动是为了有一个更健康的身体！当我们长时间使用这些应对机制时，最常见的结果便是脚趾无法停止收缩，而髋部肌肉却从未收缩。身体稳定需要大腿肌肉的全面参与，它们可比紧收的脚趾管用得多。

要留意平衡练习中的那些脚趾紧收现象。如果害怕跌倒，身体出现了某些应对反射，只需要放松这些肌肉即可。你可能需要1分钟的骨盆侧沉练习，同时放松紧收的脚趾或紧绷的肩部50次，你越是意识到自己的行为没有益处，就越能快速改正。

第五章

拿取、搬运、抬举及其他功能性动作

走路是我们所做的最重要的运动之一。除了走路,我们每天还会做其他功能性全身动作:起立、坐下、抬举、拿取、搬运、走楼梯和触摸脚趾。这些动作不仅能打开膝盖、髋部和肩部,还能让你尽可能多地获得运动体验。

坐下再起立

能从地上或椅子上轻松站起的能力被大大低估了。从我和许多人一起练习的经验来看,我可以告诉你,一旦这种能力消失了,人们会深深地怀念它。但是还有一线希望:它并没有真的消失——你可能只是缺乏锻炼,甚至可能已经有几十年没锻炼过了。

尽管看起来很简单，但需要有足够的关节活动能力和肌肉力量才能将身体抬离地面。我们都是成年人了，我们的身体很重的！

很多成就族发现，坐在地上再站起来是项艰巨的任务。如果你站不起来，别担心，很多人跟你一样。事实上，许多人（不同年龄段）都无法轻松地从在地板上坐着的状态站起来了。尽管床、沙发和椅子很舒适，但它们阻止了我们和地板接触。我们必须慢慢开始使用那些因为使用家具而被"雪藏"的身体部位，直

罗拉说

我目前以小组课的形式教授这些练习。我的部分教学策略包括充分披露我一直存在的问题和已经取得的辉煌胜利。学生们看到我在镇上走来走去，就会纠正我他们发现的任何错误。在我看来，如果他们能看到我的动作错误，就会更多地意识到自己的动作错误。当时是在一场音乐会上，我的一个学生在中场休息时走过来对我说："我看到你是用手臂支撑着站起来的。这就是你今晚的最佳表现吗？"这个提醒让我很高兴，因为这说明我正在对别人产生影响，并且得到了回馈。

到我们的腿、髋部和手臂重新获得足够的力量，能够更轻松地负担我们的身体为止。

如果你不常坐在地板上，那么可以先从椅子开始，针对相关肌肉进行练习。

椅子蹲

在一天中，你已经进行过多次起立动作——从你最喜欢的椅子上、从车座位上、从坐便器上站起来。你的起立方式决定了你在强化哪些肌肉，同时又荒废了哪些肌肉。无须花费太多力气就能站起来的常见策略有以下几条：

- 使用动力（"嗨哟"一下站起来）。
- 用手臂向下压。
- 抬手臂把自己拉起来。
- 将重心前移，使用大腿前侧的肌肉。

试着起立又坐下几次，看看你目前是否在使用这些方法中的任何一种，并注意是哪种方法。

帮助你使用更多肌肉的策略如下：

- 减少动力（慢慢抬高自己）。
- 站立时将重心后移（脚跟下压代替脚趾下压）。

- 身体前倾，手臂前伸。
- 膝盖与髋部保持对齐（不要让它们相互靠近）。

把这些新的起立技巧结合起来的最好方法是将它们作为一项运动来练习。

成就族的建议

如果你不能在没有太多动力的情况下从椅子上站起来，或者这种姿势会导致疼痛，那你可以在座位上垫几块毛巾，或者放一本书或一块瑜伽砖，把自己抬起来一些。当你变得更强壮时，可以降低垫物的高度。

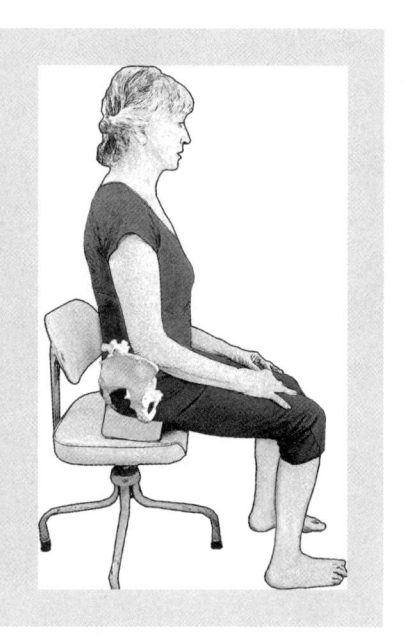

先坐在一张平整的硬椅子上（比如厨房用的椅子）。身体向前挪至椅子的前端，将骨盆的顶部向前倾斜。

调整双脚，使脚踝位于膝盖正下方。

手臂伸直，身体前倾，站起来的时候把身体重心移回脚跟，然后站直，再慢慢放低身体坐下。

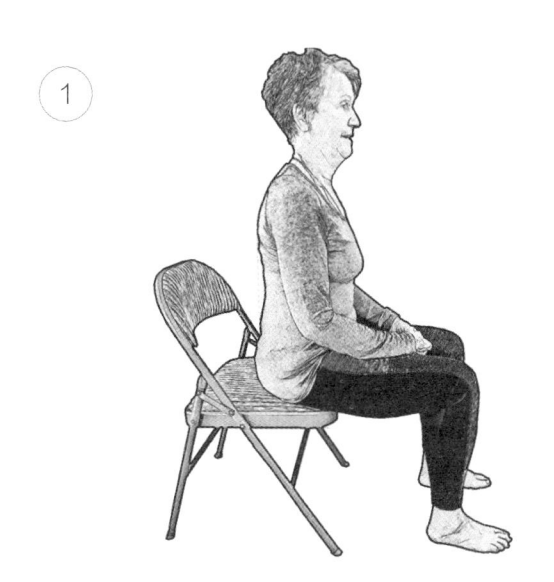

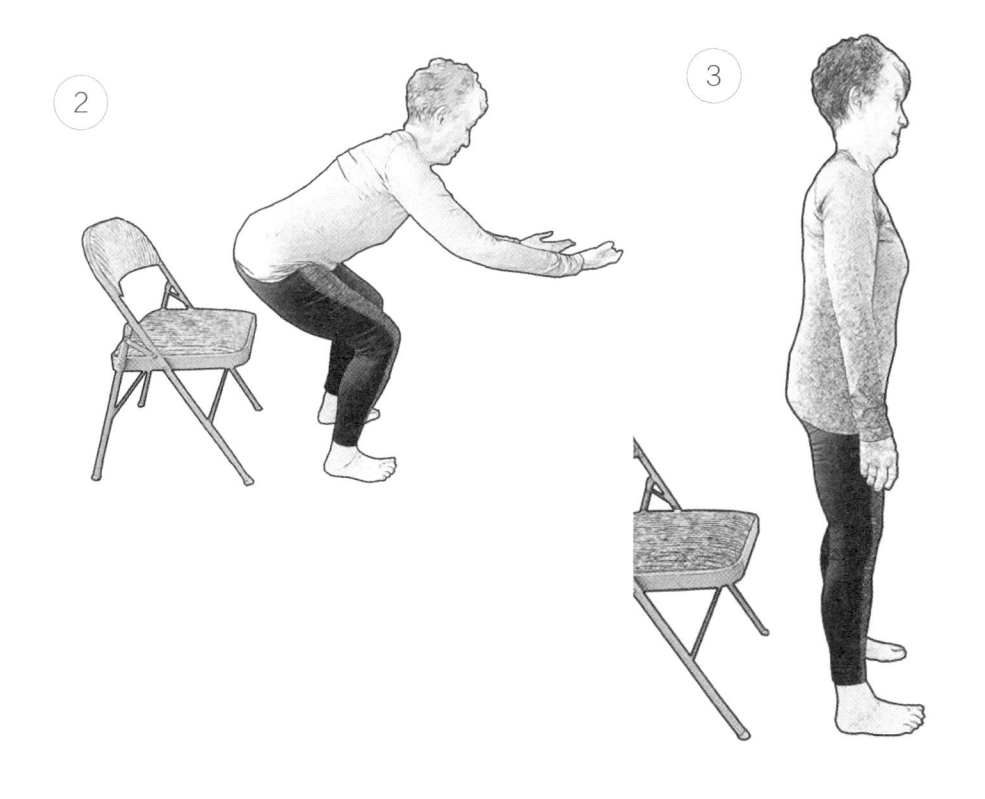

第五章　拿取、搬运、抬举及其他功能性动作

罗拉说

当我第一次尝试站立练习的时候,我发现我的膝盖会碰在一起。用两块瑜伽砖将座位抬高后,我可以在站立的时候保持双膝平行。一天后我只用了一块瑜伽砖,再过了两天我就不需要任何垫物支撑了。这是我做过的最快的"修复"运动,效果非常令人满意。我以前甚至没有注意到这种膝盖相碰的倾向。

舒适的椅子

家里的许多椅子都很舒适——蓬松、有填充物,还带靠枕——当然也很容易陷进去。它们就像是甜点,虽然让我们感觉良好,但并不总是提供最佳的"营养"。

从这些椅子中起立或坐下有些棘手,因为它们通常不能使身体姿势端正,从而不利于肌肉的使用。如果你希望强健身体,那么最好一整天都使用更结实的椅子(它们会让身体在起立、落座和端坐时得到更多的锻炼)。把在软垫上窝成一团的坐姿留到你想要放纵自己的时候吧。

一旦你开始留意，就会发现我们会在一天中多次起立、坐下。这是一种很好的训练方式，但要留意身体姿势。另外，让该训练成为你生活的一部分——无论是从椅子上起立或坐下，还是从坐便器上坐下或起立。所有和我一起训练的人都发现，将每一次的起立和坐下都当成是一次力量练习的话，实在大有裨益。

锻炼起立和坐下用到的肌肉

如果你经常参加有地板运动的健身班，比如瑜伽或普拉提，那么你可能已经能够轻松地从地板上起立或坐下。这时，就要开始注意你是如何起立的。检查一下你最常使用的是哪条腿和（或）手臂。它们可能是你四肢中较为强壮的部分。看看你能否换条腿或手臂来发力，以便将身体调整到更均衡的状态。

地板可能是你最不常用，但却最好用的健身器材。下面是一些可以尝试的方法。每天选一个动作，并留意你是如何做到的。

- 从地板上起立或坐下，连续做10次。
- 从坐在地上开始，起立6次，每次选择不同的手和脚交替发力。
- 从躺在地板上开始，背部着地起3次，然后腹部着地起3次。

抬举、拿取

家具可以让我们在不使用下半身肌肉和关节的情况下仍方便地进行日常活动，同样，房子的其他布置也可以让我们不用经常使用手臂。这样的情形常见于大多数家庭，而不只是成就族家庭。

例如，在我生活的房子里，厨房里的布置确保我能很容易地拿到用于烹饪的东西。不仅好找，而且好取。"好取"是"少动"的另一种说法。为了让身体活动得更多，你可以考虑重新布置厨房，从而得到更多的锻炼。

我并不是说你需要把所有的东西都混在一起，徒劳地寻找你需要的东西却可能找不到——只是你可以重新布置一下，这样在日常生活中你就需要比现在伸得更高一点、更向下蹲一些，或是腰弯得更低一点。下面是一些建议：

- 把茶或咖啡过滤器放在架子的顶层。
- 把杯子放在低处。
- 把盘子放在橱柜更深处。
- 整理冰箱，把最常用的食材放在最难拿到的地方。

之前我回父亲家吃晚饭，我想喝杯酒，结果发现他已经接受了我的建议，把酒放在了水槽下面。"这样我的肩部和髋部得到了更多锻炼!"他说。

搬运

很多人在搬运东西的时候感到背部或肩部疼痛。正如通过改变站姿来更好地运用肌肉一样,也可以通过改变搬运姿势来更好地使用身体。

准备动作

- 脚尖向前。
- 重量后压在脚跟。
- 重心位于两腿之间。
- 骨盆居中。
- 胸廓居中。

使用手臂做拿取、托举和搬运动作对肩部强度和灵活性的要求很高,而锻炼肩部强度和灵活性需要大量的手臂运动。搬运东西时需要手臂和躯干肌肉协同工作,而这些肌肉依赖于核心稳定。当你在行走和站立期间保持胸廓下沉时,可能会发现自己驼背得厉害。

这是因为,掩盖上背部过度弯曲的一种方法是抬高胸部(实际上是胸廓)并且向外挺,让我们看起来像是站直了。但实际上当我们抬起头并将重量压在髋部时，脊柱过度弯曲的情况仍然存在（而现在我们的腰背部也受到了挤压）。这里有一些练习，可以提高肩部和脊柱的灵活性（让你保持肋骨向下，头向上），增加上半身的力量。

头部回移

这个姿势调整非常重要并且很有效，我得强调两次。人的头很重，而分量不轻的头、虚弱的上半身，以及长期看电脑、看书共同导致的结果就是头部前伸。调整活动量和身体姿势都会有助于改善这种情况，但还需要让上半身保持在一条直线上。尽可能多地在走路、排队、看电脑或开车的时候将下巴向后滑动，同时延长脖子后侧的长度。这样做不仅能够改变头部的位置，还能让支撑头部的肌肉得到锻炼。

吞咽也是运动

吃东西时吞咽困难和容易噎住是成就族普遍存在的问题——这种现象通常被归因于全身肌肉虚弱，包括咽喉肌肉虚弱。虽然这可能是一个影响因素，但食物从嘴到胃所经过的路线角度也会影响吞咽的难易度。

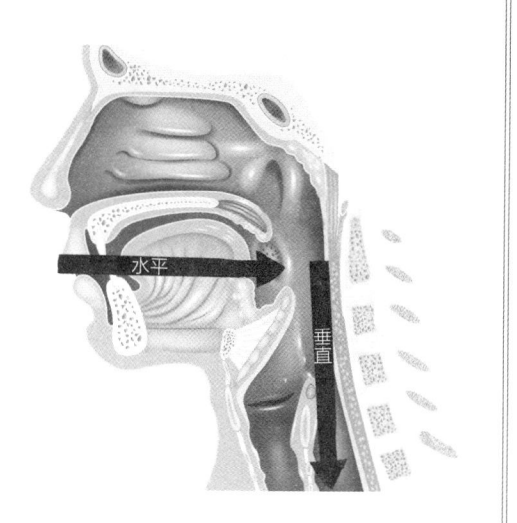

我们以为食物只是向下进入胃里，但事实上食物吞咽要经过两个运动阶段：水平运动（从口腔的前部到喉的后部）和垂直运动（顺着喉下滑）。

如果头部经常前伸，不仅会让下巴上扬——想想当你用双焦眼镜（一种上面用于看远处、下面用于看近处的眼镜）的下部看东西时，你的头会是怎样的姿势，而且还会使喉处于斜线上，这种姿势不利于食物在口腔中的移动。下次吃东西的时候记住，头部的位置直接关系到喉的位置，并且可能会影响安全吞咽所必需的空间和运动。请认真咀嚼食物，也请注意姿势，看看是不是和以前不一样了！

地板天使

头靠在垫枕或堆叠的枕头上，这样你的胸部可以更靠近地板。腿伸直。

手臂向两侧伸展，保持手掌向外，肘部向天花板的方向旋转。手臂和手背朝向地板放低，保持肘部轻微弯曲。双臂张开后，慢慢地朝头部方向移动，就像你在做"雪天使"（仰躺在雪地上，双臂和双腿在地上摆动，形成天使一样的造型）一样。先试着用你的方式完成动作，然后，大拇指不要离开地板，再尝试一下，尽可能完成动作。

这样练习一段时间后，试着观察胸廓的位置——当手臂在头顶移动的时候，确保肋骨保持在低位，没有随着举起的

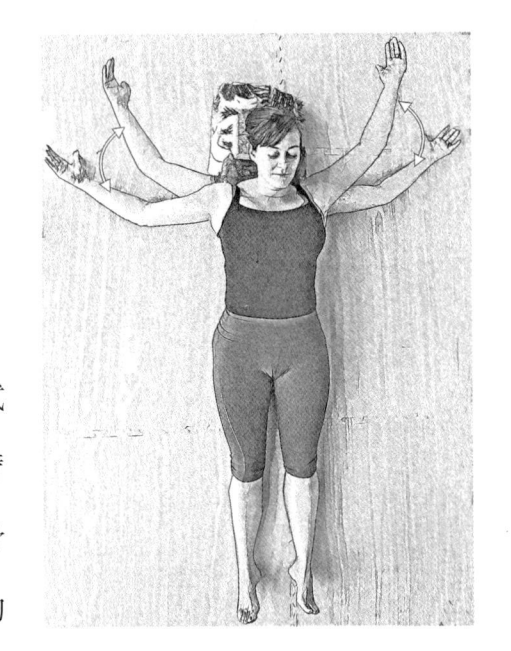

手臂一起向上抬。

胸部伸展

面对墙壁、工作台面或椅背站立（从高处开始，随着时间的推移逐渐降低高度），双手扶在墙上或其他支撑物上，慢慢后退，直到双臂完全伸展。双臂下压使胸部下沉。如果可以的话，伸直双腿，将重心移回脚跟，使脚趾可以轻松活动。放松颈部，头部自然下垂。

手臂伸展

手臂向上伸，直到能碰到门框上方的墙壁，然后尽可能地降低胸廓。如果你不能用两只手臂同时完成动作，那就一次锻炼一只手臂，手指沿着门框旁边的墙面向上移动，越高越好。保持肋骨下沉会加强手臂和肩部的运动。另一只手臂重复动作。

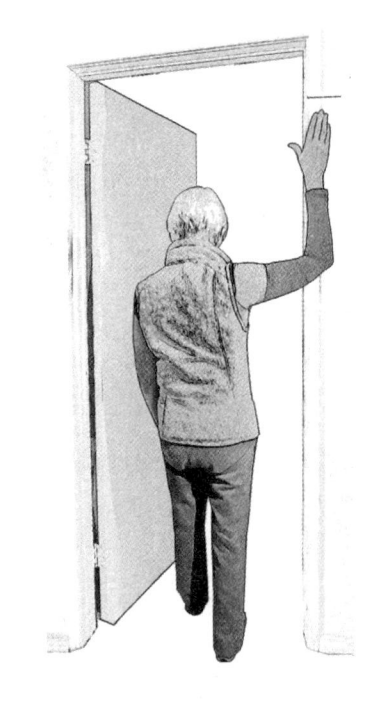

检查肘部的位置。它们是否保持指向外侧？试着将肘部指向正前方，观察这个动作是如何改变手臂、肩部和躯干的伸展的。

如果你在一天中起立和活动的次数比以前多，那你经过门框的次数也会多。当你经过门时就可以花10～15秒的时间活动手臂和肩部，尽可能地让这样的活动融入你的生活！

强化肋间肌

呼吸可以有多种方式，其中一种方式需要肋骨做运动。下面的练习可以让胸部肌肉保持强壮，于是当你需要做一些事情（比如咳嗽——一个对呼吸系统正常运转很重要的动作）时，这些肌肉就可以派上用场。

保持端坐或站直,在胸肌或乳房下面,用力地系上一条弹力带或一只长筒袜。如果你什么器具都没有,把手放在髋部,然后手上滑至胸廓的两侧,轻轻按压,像是要保持胸廓收紧。

慢慢吸气,试着通过扩张胸廓来拉伸弹力带。如果在吸气结束时你没有感觉到弹力带的张力增加,重新绑紧一点,再试一次。

呼气,体会胸廓是如何离开弹力带,并接近那条穿过身体中心的假想垂直线的。重复动作,每次呼气都使肋骨向内运动。

现在不要呼气,试着以同样的姿势缓慢咳嗽,让肋骨向内运动。

你应该发现了,呼吸,尤其是呼气,会调动肋间肌和整个腹部的肌肉。你可以用弹力带找到和使用这些肌肉,而一旦掌握了这个技能,你就可以在没有弹力带的情况下做这个练习。

乔伊斯说

几年前，我搬了家，在离家五六千米的地方就有商业区。于是，我开始每天步行完成所有的事。我面临的挑战是如何在拎着和背着几个包的同时保持平衡，以及如何分配压在身上的重量。很快，我就找到了自己喜欢的方式来搬运装了东西的购物袋、瓶装水及一些装着易碎或不耐压物品的纸箱和袋子。瓶装水一般都比较重，最好的携带方法是前臂平放，将瓶子紧紧地搂在怀里，或是将水瓶扛到肩上，这样它们的重量很容易被分担，并且我能保持平衡。双肩包背起来很容易，里面可以放一些不会在我走路时扎着我的东西。那些装着易碎物品的袋子要么轻轻地抱在体侧，要么就捧在手里。

我喜欢挑战自己，让身体适应不同的负荷，也喜欢体验把买到的所有东西都带回家的感觉。起初，在沉重的负担下我会气喘吁吁，但渐渐地我的力量增强了，现在我可以毫无压力地完成这一切。这带给我很多的快乐和极大的成就感。你也许不同意，但我想这么说："在城市里，全身运动并非是一种无法实现的生活方式。"

轻松地走楼梯

无论是房门口的两三个台阶，还是通向二楼的一整段楼梯，走楼梯是我们很多人日常生活中的一部分。在所有的生活运动里，我听过最多的抱怨是走楼梯对膝盖的伤害。台阶的大小和形状是固定的，它们通常与我们走坡道时采用的步幅不匹配。

虽然我们无法改变台阶的大小和形状，但我们可以在走楼梯时改变身体姿势——这通常可以减轻疼痛，增强力量。

技巧1：保持身体直立。身体前倾的原因之一是想要利用动力而不是腿部肌肉。保持直立会让你的腿得到更多锻炼，变得更强壮，这样走楼梯会更容易。

技巧2：检查膝盖。上楼时，低头看看迈步那条腿的膝盖。它在你上楼时是向内还是向外偏移？用髋部的肌肉让膝盖和脚踝保持在一条直线上，将膝盖方向调整为居中。这会让你少用膝盖韧带，而尽量多用肌肉。

技巧3：多用小腿！上楼时，不要只是用前腿向上拉，也要用后腿的脚向上推。这样做不仅能减轻膝盖的负担，还能保持小腿力量。当你下楼时，你可能会注意到自己的脚尖向下，落在下面的台阶上。不要让身体重量一下子从脚趾移到脚跟，而是要放慢速度，让小腿肌肉来控制下降。这样可以减少膝盖周围肌肉的使用，增加小腿肌肉的使用。

我建议单独锻炼每一个技巧，这样你就可以多留意自己的姿势。然后在走楼梯的时候，经过改善的姿势会自然而然地出现！

乔伊斯说

我住在山边的一个牧场里，周围是森林。在开发土地兴建家园那会儿，我60岁出头，要背着一个10多千克重的喷雾背包去除草。因为是在山上，一些山坡又陡又滑，我很难站稳保持平衡，尤其是在背着重物的情况下。所以，我们在周边非常陡峭的地方安装了大约300个独立的木台阶。现在我已经不用再背着喷雾背包了，但我会在这里健步走，通过上下台阶来锻炼腿部肌肉和身体平衡力、耐力。

谢拉说

我很幸运！35年来，我一直住在一家公寓的二楼，每天都能通过走楼梯锻炼下半身，而无须任何额外的运动时间或计划。15年前,我将工作室搬到了三楼,这样我就拥有了更多"无须额外时间或计划"的强化运动。

我得承认,走楼梯有时候对我来说是个挑战,尤其是当我背部受伤的时候。在这种情况下,我就缓慢而稳定地走,幸亏有坚固的楼梯扶手。

装满了重物的包也可能是个问题。我会把包放在楼梯底部,分次把里面的东西搬上去。如果不行,我会让和我住在一起的大儿子帮忙,或者向善解人意的邻居求助。

对我来说,保持运动就是我的生活方式,锻炼就是我日常生活的一部分。

握脚的重要性

你穿的鞋可能会增加你跌倒的风险。有研究发现,在由跌倒所致的髋部骨折中,跌倒的人大多穿着不能与脚部很好贴合的鞋子,比如拖鞋或轻便鞋。不系鞋带的轻便鞋通常对成就族很有吸引力,因为穿鞋更方便(不需要弯腰就能穿上)。

如果你在弯腰穿鞋或系鞋带时遇到困难,试试这个动作。仰卧平躺（每天早上起床前练习是个好主意），保持呼吸放松，将一侧膝盖向胸部靠拢。

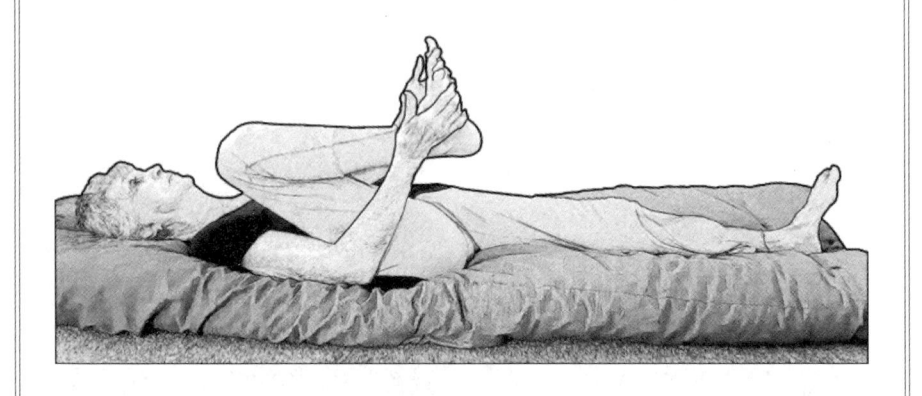

你能单手摸到自己的脚吗？你能同时用双手抓住那只脚吗？逐步练习，让两只手握脚，保持这个姿势1分钟，然后换另一只脚。

手有足够的灵活性可以摸到脚是至关重要的。因为有能力摸脚不仅可以防止我们以后只能穿轻便鞋，还让我们能够进行脚部护理，比如趾甲保养、去除趾甲旁的肉刺和老茧等。这些对我们所有人都非常重要，不只是成就族！

蹲厕

走路有一种新形式，走楼梯有一种新形式，就连上厕所也有一种新形式！

相对而言，坐便器是近些年才发明的。在我们将坐便器当成唯一的如厕工具之前，人类是蹲着上厕所的。由于我们的关节之前从未做过这种动作，蹲下似乎很不方便，但事实证明，蹲下对排泄来说非常有效。

我们的"排泄管道"（降结肠）位置不佳，往往直接导致如厕紧张，而蹲姿可以解决这个问题，它已经被添加到盆底疾病和消化系统疾病的物理治疗中。

一种轻松实现蹲厕的方法是使用蹲式平台——一个低矮的包绕在坐便器前面的凳子。当你坐在坐便器上时，凳子能支撑你的

乔安说

在经历了长期的排泄困难后，我通过使用蹲式便池进行蹲厕，摆脱了便秘症状。现在的排泄既规律又轻松，这给我带来了巨大的健康益处。此外，我的髋部、膝盖和脚踝都获得了从未体验过的力量。走路时，我的脚踝不会像以前那样突然"发软""打趔趄"，这一切都来自活动方式的改变和活动量的增加，包括蹲着上厕所。

膝盖，将腿上抬到蹲的位置。对很多人来说，这个简单的调整不仅能够让膝盖和髋部得到更多的锻炼，还能让他们更轻松地排便。

成就族和盆底

许多成就族有盆底问题，从尿失禁到盆腔器官脱垂再到前列腺问题。盆底疾病往往被认为是成就族的常见问题，但实际上它不分年龄，发病人群越来越多。与许多其他疾病一样，我发现盆底紊乱往往是由久坐不动的生活习惯导致的，可以通过更专注的训练、更好的站姿和坐姿调整，以及减少盆腔器官和盆底压力这些方法来纠正。

第六章
驾　　驶

相比用车，你更愿意步行去邮局或杂货店。这样做很好，但是保持驾驶的能力是使我们独立和幸福的主要因素。驾驶需要具备的身体能力不仅与眼睛和耳朵有关，如果要确保安全驾驶，还需要拥有运动技能、关节灵活性、力量和快速反应力。这些方面都可以通过更多的练习得到改善。

虽然没有具体研究表明肌肉骨骼健康与事故有关，但是与衰老有关的灵活性缺乏绝对是导致事故的一个风险因素。灵活性检查是医生判断是否撤销成就族驾驶权时的筛查项目之一。

虽然驾驶相当于一项静态活动，但为了安全驾驶，你仍然需要完成一些动作。例如，在倒车或换车道时，你需要能够转动脖子看向后视镜；在急转弯时，你需要肩部、肘部和手灵活协作来快速控制方向盘；你需要脚踝具备灵活性和控制力，能有效地松开油门和踩刹车；你的脚部要健康，特别是脚部的感觉要灵敏、运动神经要完整，以确保能踩上正确的踏板。

我居住的小城市里到处都是成就族——40%的人口超过65岁——建筑物的一侧被汽车撞碎是很常见的事。来到这里的头两年，我曾看到过5次建筑物的一侧或护栏被汽车撞坏。因为这个城市很小，我得知这些事故最常见的原因不是司机在认知上混淆了刹车踏板和油门踏板，而是他们以为自己的脚已经移过去了，但实际上并没有。大脑感知脚在空间中所处位置的能力，需要本体感受系统（人感觉身体所处空间位置的能力）运转良好，并且需要脚的肌肉和神经，以及与脚相连的肌肉和神经都很健康。

驾驶专用运动

你可以把驾驶想象成一项运动，其中有一些特定的动作需要掌握，并可以像运动员一样进行训练。第一步是评估你目前执行必要驾驶动作的能力，第二步是更频繁地使用这些动作。以下是一系列的运动测试和矫正训练，以使你的身体能完成包括驾驶在内的多项任务。

坐扭测试

端坐在椅子上，双脚着地，双手放在膝盖上。扭转胸廓，目视前方，同时不要让任何一侧髋部离开椅子。你能看到身后吗？保持胸廓扭转，同时也试着旋转头部来继续这个转体的动作。现在呢？你的上半身是否能扭转足够的角度以看到身后，或者你是否需要抬起一侧骨盆，并借助手臂来协助过于紧绷的肌肉？

我们在日常生活中很少用到腰部扭转的动作，也正是由于很少这样做，我们才失去了这种能力。为了恢复失去的活动能力，请把下面这些运动加到你的日常生活中。

倒车扭转

在扭转动作之前调整骨盆和胸廓的位置可以帮你更好地锻炼腰部肌肉。调整骨盆，使其不会过度收缩或过度前倾（详见第66页）；降低胸廓的前底部，使其位于骨盆前方。不要抬起胸廓，不要收放骨盆，身体向右转动，不要过度用力，保持20~30秒。然后左转重复一遍。

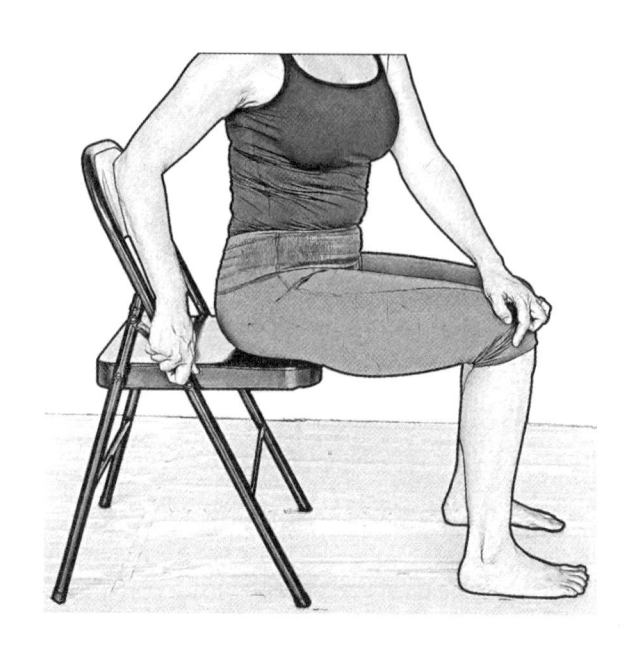

地板支撑扭转

在头下放一两个枕头，使胸部向下沉。向前伸展双腿，双臂向两侧伸展，身体呈"T"字形（这有助于你在旋转下半身时保持上半身不动）。

将骨盆向右移动3～5cm，将左膝抬起来，使其叠放在髋部之上，然后旋转骨盆，将左膝向身体对侧下移，在肋骨即将离开地面时停止。

在不带动肋骨的情况下，尽可能地扭动，但不要强行完成这个动作。

如果你发现骨盆几乎不动，你的膝盖也难以靠近地板附近，那没关系——放几个枕头，这样就可以将膝盖放在上面休息了。

乔安说

在我随凯蒂练习之前，我在转动头部和肋骨看向身后的时候，经常需要抬起一侧臀部，而现在，多亏了矫正训练，我可以转身并保持臀部稳稳地坐在座位上。此外，当我开车时，我的头部回移，后脑勺靠在头枕上，从而改善了我的脊柱后凸。刚开始的时候，我的后脑勺距离头枕大概有10cm。现在，不用费力（除要留心我的动作以外）我就可以把后脑勺靠在头枕上，眼睛直视前方的道路。

换另一侧重复。

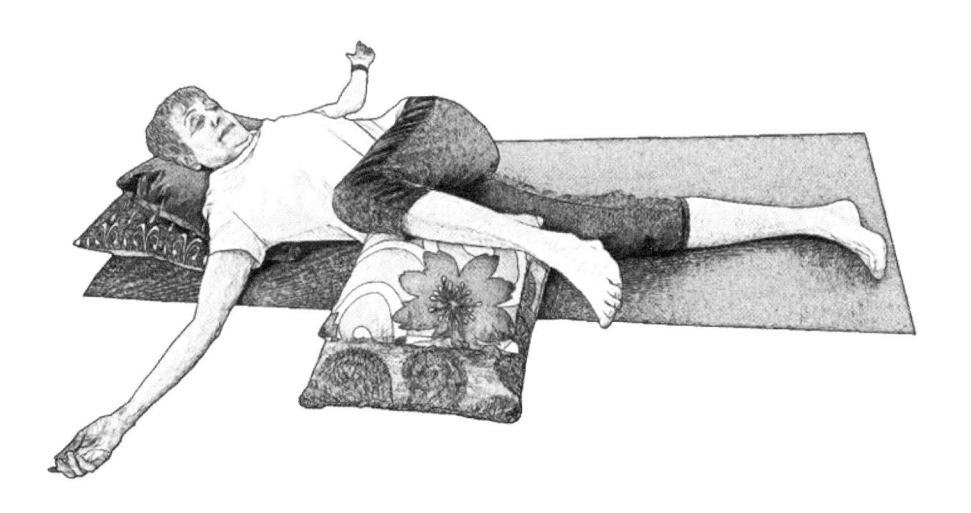

罗拉说

经常扭动消除了我咯吱作响的"脖子综合征"（这是我自造的一个词）。最重要的是，在变道前，我的脖子可以自由活动，能在变道的时候回头看看，这让我免受不少伤害。

脚踝灵活性测试

做一个弓步姿势，前脚的踇趾离墙10cm（如果你的身高不到1.58m，则离墙7cm）。在不抬起前脚跟的情况下，你的前腿膝盖能碰到墙吗？如果不能，则证明你的脚踝活动范围受限，这可能会影响你抬脚松开油门踏板或刹车踏板的能力。虽然开自动挡汽车的人只需要用一只脚来踩踏板，但还是要用两只脚来做这个测试，并进行矫正训练！

为了改善脚踝的活动范围，请重新阅读第45~47页的"小腿伸展"。毕竟，能让你的脚踝适合走路，就也能让它们适合驾驶。灵活性是相通的！关于手，请看下文。

肩手灵活性测试

紧绷的双手可能意味着手部无力,也可能与肩部僵硬有关。快速反应并且准确使用手和肩的能力对安全驾驶来说是非常重要的。

用手和膝盖跪趴在地板上。**如果你目前还不能完成这个姿势,那就站在墙壁前,伸展手臂推墙。**保证每只手的中指指向正前方。如果你面对墙,则中指指向正上方。

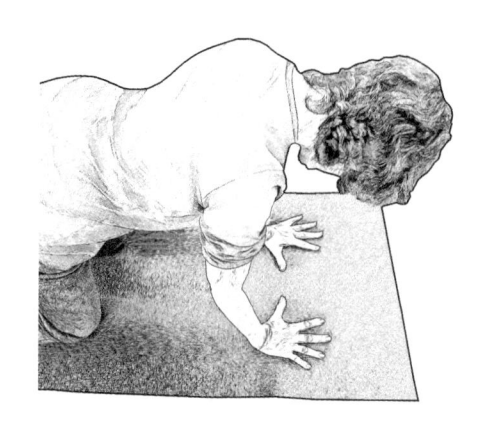

拇指评估： 将两个拇指移离其他手指，使其指向对方，且与各自的中指垂直。

一旦拇指向外伸展，肘部是否向外转动了？

当你把肘部向内拉的时候，你的手指还能保持在原位吗？还是说，收回肘部会让你的拇指移向其他手指？

正确
肘部相对

错误
肘部向外指

手部评估： 你的手是否能平放在地板上并放松，还是说有些手指弯曲了？

正确　　　　　　　　　　　　错误
手指伸展　　　　　　　　　某些手指曲起

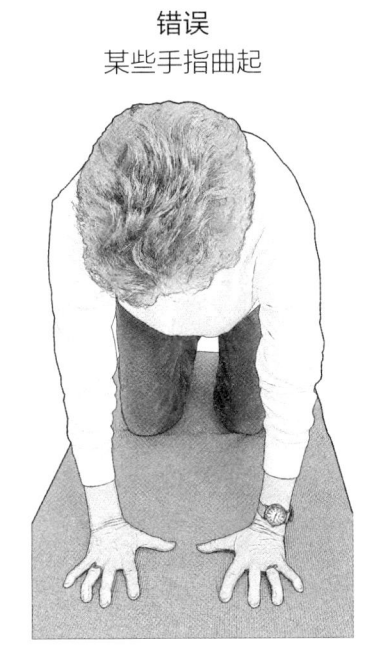

如果你的拇指和手臂一起动了，或者你的手指不能始终保持伸直，那就需要做一些练习来缓解手腕、肘部和肩部之间的组织紧张。

每天用手和膝盖跪趴或把手平放在墙上来伸展手指不仅是一个测试，也是一个练习，它将帮助你改善手和肩的灵活性。将肘部放正，这样肘尖的方向就会和中指的指向相反，这对肩部也是个锻炼。

肘部触碰

双臂向前伸开,肘部弯曲90°,掌心朝向身体,将肘部并拢直到相互接触。

双肘并拢,两手手腕互相远离。一旦可以较为轻松地完成动作,在做的同时让肩胛骨保持下沉(不要让肩上耸到耳朵)。

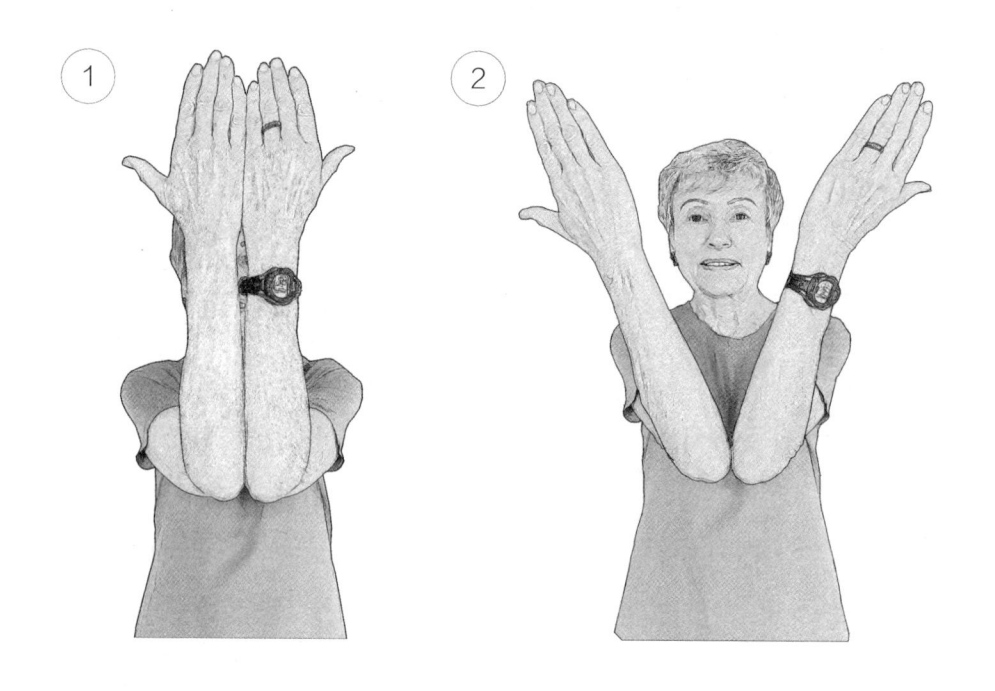

手指伸展

一只手向前举,就像是在示意"停止"。保持肘部弯曲并指向地面,用另一只手一次向后拉一根手指,直至感觉到伸展。密切注意正在伸展的手指,确保它的3个关节都没有弯曲。

正确

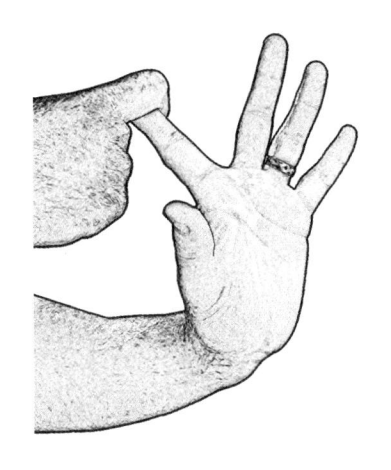

错误
手指关节弯曲

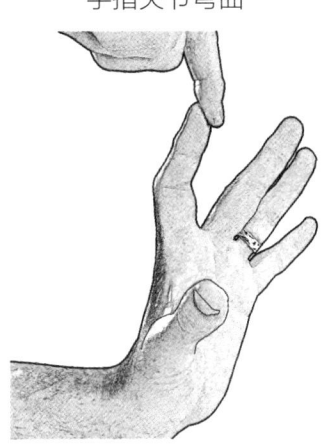

快步走测试

这是一项客观评估下半身力量、身体平衡性和灵活性的功能测试,被美国老年病学会用来确认老年司机是否存在驾驶风险。

在地板上设置一条3m长的小路,用胶带标记,然后取一块秒表。

启动秒表,然后走到小路的尽头,转身,以最快的速度返回。如果你花的时间超过9秒,就提示存在机动车事故风险。

除了每天定期练习本书给出的动作和增加步行次数,还可以考虑在没有杂物或绊倒危险的安全区域增加一点步行速度"比平常更快"的练习。你可以把门厅指定为安全冲刺区,每次走过的时候都把步行速度提高一点。每个月做一次快步走测试,看看你的行走时间是否有变化。

起身走测试

在进行起身走测试时，你首先要坐在有直靠背的椅子上。接下来，你必须：

- 从椅子上起来。
- 短暂站立。
- 走一小段距离（大约3m）。
- 转身。
- 走回椅子。
- 转身。
- 再次坐下。

医生会根据稳定性和跌倒的可能性对那些参加测试的人进行评级。你并不需要每天都练习站起、走路和转身，把这些动作加入你的生活中，就可以改善你做这些动作的方式。本书中的练习可以让你完成得更容易些——特别是从第77页开始的"坐下再起立"一节中提到的动作。

驾驶考试备考单

我们所有人都必须参加考试才能拿到驾照，并且还要参加考试才能保住驾照。除了认知和视力检查，成就族还需要通过机动

> **驾驶需要健康的脚!**
>
> 还记得我们在第26页做的脚趾分开练习吗？还记得第32页的脚趾抬高练习吗？这些精细的脚部运动技能所能提示的问题比你想象的还多。内源性的脚部肌肉萎缩，即脚部肌肉无力，可能是小腿神经健康丧失的早期指标。我们需要定期做脚趾运动以强化肌肉，改善神经状态！脚趾练习见第一章。

性测试和运动技能测试才能被认定适合驾驶。

下面有一些测试，在每一项测试旁，我会指出哪些练习可以帮助你提高成绩。

> " 备考可以提高成绩，那么为什么不通过保持身体强壮和足够柔韧来为安全驾驶"备考"呢？

运动测试	医生指导	备考练习
颈部扭转	"回头看，就像在倒车和停车一样。现在换另一边做同样的动作。"	• 倒车扭转和地板支撑扭转 • 头部回移
肩部和肘部屈曲	"假装你拿着方向盘。现在假装右转，然后再左转。"	• 肘部触碰 • 地板天使 • 手臂伸展
手指卷曲	"双手握拳。"	• 手指伸展

（续表）

运动测试	医生指导	备考练习
踝关节跖屈（向足底方向运动）	"假装你踩着油门。现在对另一只脚做同样的动作。"	• 所有脚部练习
踝关节背屈（向脚背方向运动）	"把脚趾指向你的身体。"	• 小腿伸展练习1 • 小腿伸展练习2

非驾驶专用的运动测试包括一般的机动性测试。以下是可能会测试的一般动作，以及帮助你完成动作的练习。

运动测试	备考练习
肩部：向外、向对面、向后伸展	• 地板天使 • 手臂伸展
手腕屈曲和伸展	• 所有手部练习
握力	• 所有手部练习
髋关节屈曲和伸展	• 行走 • 脚背伸展
踝关节背屈和跖屈	• 小腿伸展练习1和2 • 所有脚部练习

第七章
运动是生活的一部分

衰老经常被用来形容老年人,但事实是,从我们出生的那一天起,我们都在走向衰老。衰老是不可避免的,它只表明我们的时间和经验在不断积累——这其实是一份礼物。

而活力增龄又是另一回事了。活力增龄需要运动,它是时间、经验和身体技能的积累。

虽然我们的年龄都在增加,但并不是所有人都在活力增龄,因为有很多人缺乏运动。

身体组织确实会随着年龄的增长而改变,但它们也会因为缺乏运动而改变。老化的组织和常年不运动的习惯会共同影响你,导致你无法走出去,也无法收获你渴望的生活体验。

大众通常认为,这种运动减少与衰老有关,但我想再次强调，大部分人是久坐不动的。在我们国家，大部分人一生中的绝大部分时间都是不运动的，很少有人将运动视为生活中不可或缺的一部分。

事实上，大多数科学家和医学专业人士会告诉你，你需要开始运动，因为研究表明，运动会对健康产生巨大的保护作用。然而，你每天通常只分配一小部分时间给运动。如果运动具有巨大的变革性，你为什么不学着将运动纳入每一天的生活呢？

我们习惯于认为运动是在完成了日常生活中的常规事务之后才去做的。而这些常规事务使我们无法充分地运动，因为工作、社区服务和家务占据了我们的时间。运动的好处巨大，但很少有人能奢侈地将每天的运动时间增加到三四个小时。然而，你可以以运动的方式来安排生活，让你的身体运动量达标。

这本书里有很多练习，最后还附有一套运动计划，但是更好的方法是把它们融入日常生活。我发现这是改善所有人群运动的关键，从蹒跚学步的孩子到竞技运动员，到成就族，再到刚刚产下孩子的新手妈妈。

我们的身体需要很多运动才能充分发挥作用，这就是运动总是被认为对健康有益的原因。运动保护的不仅仅是肌肉和关节。缺乏运动会影响视力、大脑认知和记忆力，以及消化功能。缺乏运动会对身体的能量水平、血脂结果产生负面影响，甚至还会

罗拉说

我发现，我的一些最有用的日常运动来自我的想法和活动保持一致的时候。我把湿衣服挂出去晒太阳。在天冷需要打开暖气的日子里，我就把洗好的衣服挂在房间里，这样可以避免干燥。

我有7个雨桶，将水分配到最需要的地方成了一种全身挑战。

我的浴室里有水桶，用来接在热水出来之前先出的冷水。这些冷水可以冲洗脏盘子，然后我再把冲过的盘子放入洗碗机，这样做会更好洗。我把准备食物时用过的水都送去了我的种植园。堆肥对我完成每天走1万步的目标帮助很大。

这些运动为我的身体提供了内啡肽（大脑分泌的一种让人有欣快感的化学物质）、轮廓分明的肩部肌肉（这是我有生以来第一次拥有）、更强壮的关节和肌肉，以及我作为一名优秀园丁的满足感——这是我最热衷的事业。

对情绪产生负面影响。缺乏运动可能会导致细胞衰老得更快。一位研究饮食和运动对衰老的影响的研究人员说："我们中的一些人认为，衰老是一种发生在我们所有人身上的事情，是既定的命运。到我65岁、70岁或80岁时，我就会患上阿尔茨海默病、心血管疾病和骨质疏松症。这项研究清楚地表明了可调节因素的重要性，这就意味着健康饮食及定期体育运动非常重要。这并不是说我们需要成为马拉松运动员，而是我们要想办法提高运动水平，来保持健康、延缓衰老。"

但是，为什么衰老会加速呢？

运动与阿尔茨海默病

人们尚不完全了解运动如何帮助预防疾病及其进展。但在一项研究中，与低运动量的参与者相比，健康、认知完好、阿尔茨海默病遗传风险较高的参与者能够通过体力活动保持大脑海马的体积（已知阿尔茨海默病患者的这一脑区会缩小）。老年病学家Katalin Koller博士说："当我和我的患者交谈时，我建议他们进行体育锻炼，因为运动不仅对认知有保护作用，而且对心理健康和个人整体幸福感也有好处。"

每一个细胞分裂的次数都是有限的,这就是我们的身体不会永远存在的原因。细胞分裂的次数取决于每次细胞分裂时每条染色体的保护帽(称为端粒)的损失率。一旦细胞停止分裂,它就变成了所谓的"老年"细胞。老年细胞仍然活跃,但它与炎性分子的产生有关,并且会导致许多与年龄相关的疾病。

人体的细胞分裂次数不是一个固定值,而是一个变化的范围(成年人的细胞分裂次数为50~70次)。虽然我们都以同样的时间变老,但我们的细胞并不是都以同样的速度分裂,而且每次细胞

端粒

对端粒最恰当的比喻是鞋带上的塑料帽,它可以防止鞋带散开。一旦端粒消失,DNA就变得不稳定,像没有收边的蕾丝带一样,这样会增加细胞继续分裂的风险。某些生活方式,如不良饮食和缺乏运动,会加速细胞分裂,加快染色体端粒丢失的速度。这意味着你有两个年龄。一个年龄是由你的出生日期(你的实际年龄)决定的,另一个年龄是由你的细胞年龄(你的生物年龄)决定的。生物年龄取决于细胞分裂的速度,以及DNA在与生活方式相关的因素中保持得有多好。

分裂损失的端粒DNA数量也不一样。这意味着两个年龄相同的人可能有不同的生物年龄，毕竟每个人的细胞在变得衰老之前都有不同的细胞分裂次数。

在细胞水平上，运动对身体很重要。每个年龄段都有能够活力增龄的运动项目。运动不仅让你的生活有了活力，也让你的细胞有了生机。运动不仅是为了让我们能够有活力地老去，还是为了让我们能够有活力地生活。

动起来吧

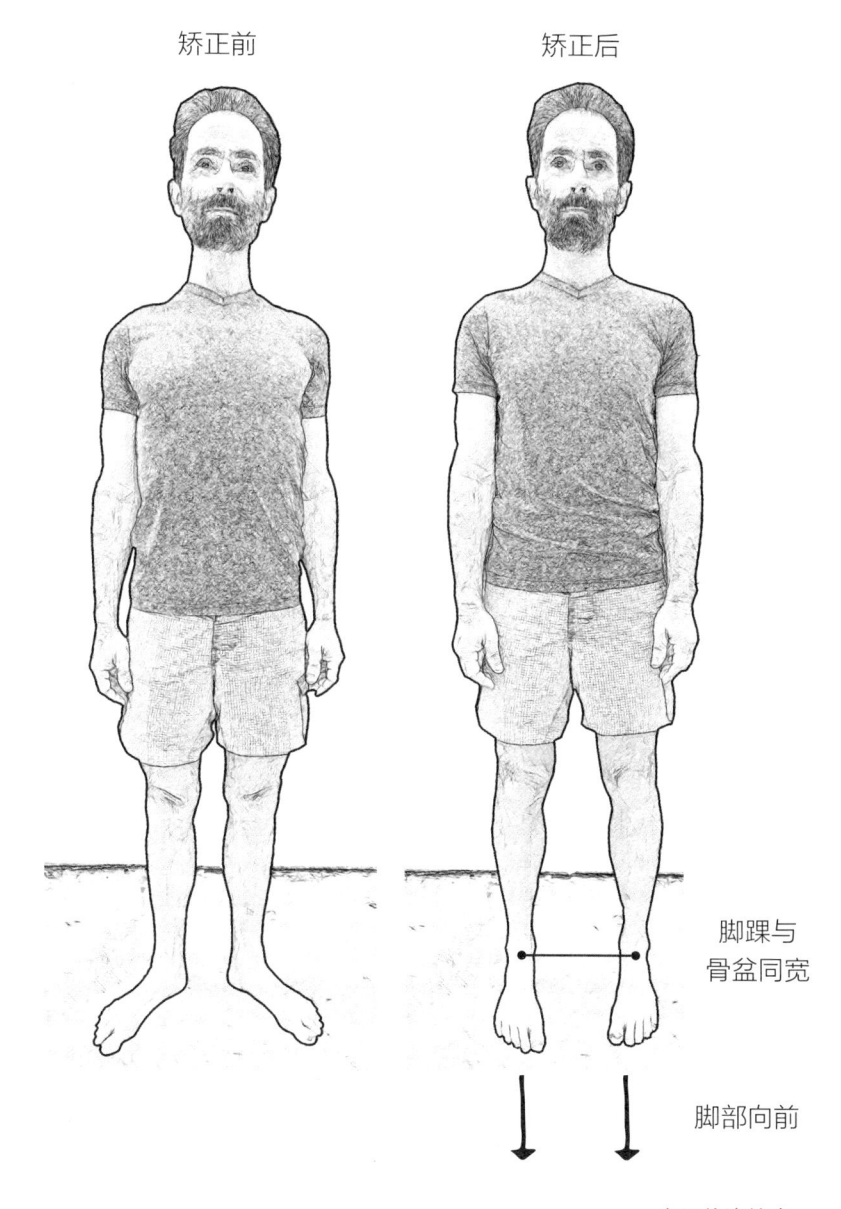

全日体姿检查

矫正前　　　　矫正后

脚踝与骨盆同宽

脚部向前

全日体姿检查

矫正前　　　　　矫正后

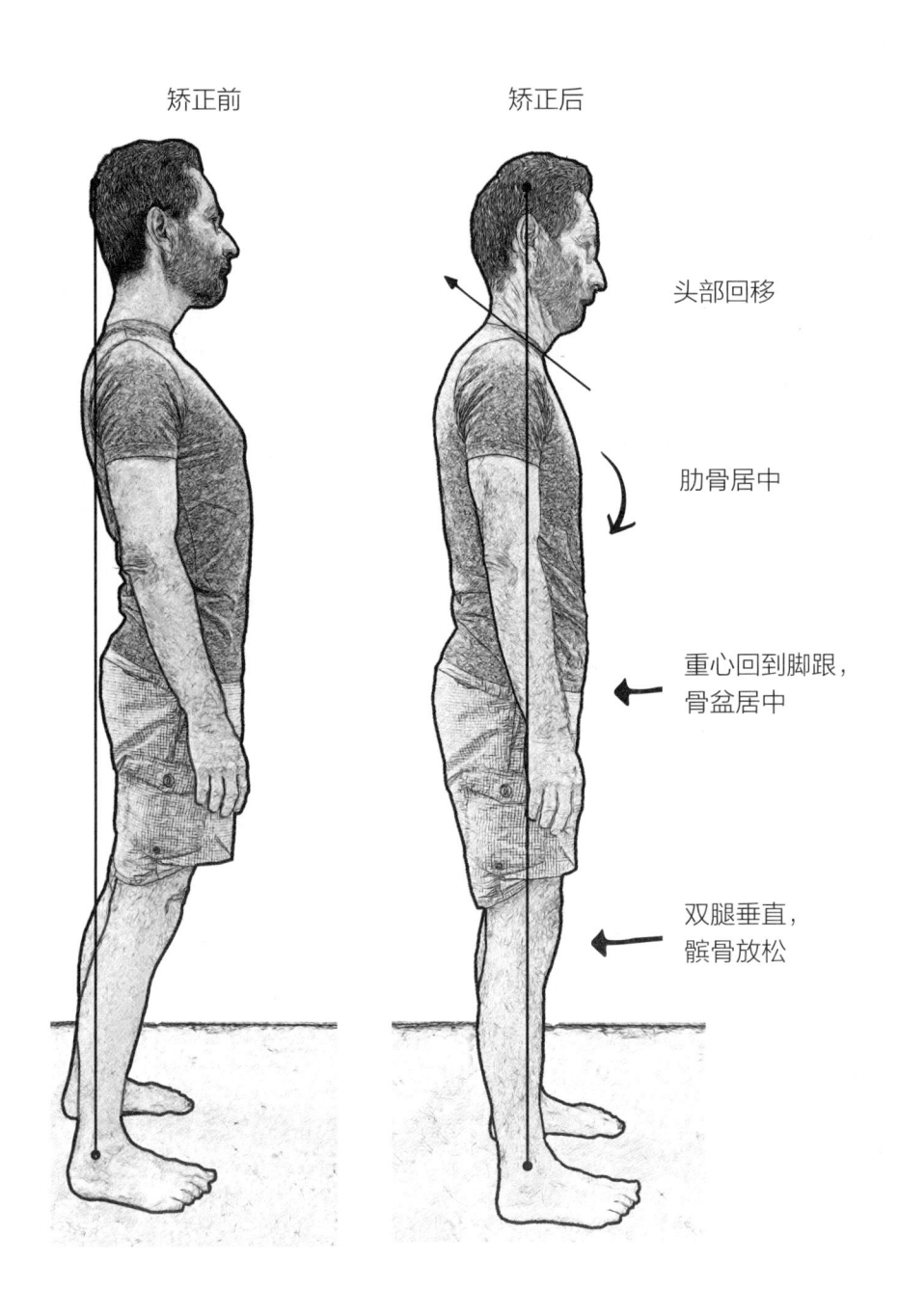

头部回移

肋骨居中

重心回到脚跟，
骨盆居中

双腿垂直，
髌骨放松

在日常生活中增加运动量的方法

这里有一些建议可以帮助你更好地运动，还有一些方法能让你调整生活方式，运动得更多。生活与运动结合已经给很多人带来了巨大的好处。一开始你可以这样做。

改变穿衣方式

- 每天早上，你穿的衣服、袜子和鞋子会影响你这一天的行动方式。当你买新衣服的时候，检查一下手臂是否容易伸过头顶，或者当你弯腰的时候腰带是否会勒到你（这样会让你不想弯腰）。
- 当你穿衣服的时候，要注意自己是如何移动的。例如，你能否在穿裤子时单腿保持平衡？一开始你可能需要先靠在某个地方，然而，坚持练习是关键。选择能让你的脚充分活动、脚踝有充足支撑的鞋子。

乔安说

我把着装作为一个机会来整合我学到的一些矫正方法，并测试我对这些动作的意识。例如，当我穿裤子时，我学会了用一条腿保持平衡。刚开始我要靠在墙上，现在我已经不需要支撑了。当我把上衣套过头顶的时候，我会先放低肋骨，然后看看我能不能在举过头顶的时候保持肋骨下压。穿袜子给我带来的乐趣最多，我现在都穿着五趾袜，它的形状更像手套，每个脚趾都有单独的"通道"。

大约两年前，我注意到自己无法在站着穿袜子和鞋子的时候保持平衡。所以我靠在墙上，把一条腿的膝盖抬到胸前，然后拿着袜子向下去抓我的脚。光是抓到脚就花了一阵子。一旦抓住脚，我就把袜子套到脚背。然后，依然单腿站立，我把套上袜子的脚搭在站立腿的膝盖上，假装我要坐在椅子上，把髋部放低。我用一只手或两只手，让每个脚趾进入各自的"通道"。我花了两年时间才能够几乎不靠墙就把袜子穿上。这一切努力都值得，我的身体平衡性有了明显改善。我发现的另一件有用的事情是被动伸展脚趾（当我不是站着的时候），通过穿脚趾分离器或五趾袜实现。我在站立或行走时积极地伸展脚趾，通过使用矫形器来保持脚趾分离。现在，我脚趾间的空间已经有了显著改观。

重新考虑家具布置

- 不要总是坐在同一张椅子上——软椅和硬椅要混着坐，椅子的高低程度也要有所不同。
- 打造一个高度可变的工作台，你可以站着或把枕头放在地板上坐着写信或付账单。
- 如果你用电脑工作，试着把屏幕和（或）键盘放在与平时高度不同的位置，或者把整个设备变成立式操作。
- 在任何你会站立几分钟的地方——洗碗或刷牙的地方，都放一个半圆泡沫滚轴。
- 在浴室里准备一个蹲式便池。
- 每天至少有一次是坐在地板上的，而不是坐在沙发或椅子上。

罗拉说

我已经下定决心让我的家变得对运动更友好。我有一个非常大的起居室兼餐厅,但里面的家具很少,而且通常都摆在墙边。一位音乐家朋友来到我家,注意到房间里有轻微的回声,她激动地叫道:"它是活的,它是活的!"不久之后,我的孙女进来了,她和一位朋友立即开始跳舞,一直跳到筋疲力尽、在地板上气喘吁吁为止。所有的活动都需要空间,显然,可用的空间越大,精神就越能"飞翔"。多年来,很多人见到这个空荡荡的"宏伟"房间都做出了精彩的反应,当然我自己也经常使用这个能激发愉悦情绪的房间。

把厨房里的东西摆放得不好拿取

- 把滤茶器或咖啡滤纸放在最上面的架子上,把杯子放在低处。
- 把盘子放在橱柜深处,把餐巾放在冰箱上面。
- 整理冰箱,将最常用的食材放在最难拿到的地方。
- 用更传统的方式做饭——自己揉面团,用刀代替食品加工机,用研钵和捣碎器碾磨香料,而不是买已经加工好的。

谢拉说

我爱我的厨房！它是让我快乐的地方。1991年，当我重新装修厨房时，我得到了一直想要的东西：很多开放的柜台、两个水槽和很多开放的架子（因为我是那种如果看不见就找不到东西的人）。

一些架子很高，因此我在手边放了一个凳子，做了很多伸手的动作。有些柜子很低，因此我也做了大量的蹲伏和弯腰动作。

我不想把存储空间浪费在洗碗机上，而且我以植物性饮食为主，不吃太多加工食品，所以我会花很多时间洗盘子和切蔬菜。我在站着的时候不用骨盆靠着柜台，也不把重心前移（重心前移是个坏习惯）。我的重心保持在脚跟，要是我能想起来的话，就会用放在柜子下面的一个半圆泡沫滚轴拉伸小腿；或者我会左右交替做骨盆侧沉动作，这个动作什么器材也不需要。我做饭时经常会把厨房弄得乱糟糟的，这样我就不得不跪在地上擦地板。

我最近买了一台电压力锅，它能让烹饪变得超级快，这样我就可以走出厨房去上课、去运动、去走路！

少用车

- 走路外出办事。
- 一周几次步行去杂货店,少买些东西带回家。
- 如果你需要开车,把车停在离你要去的地方一两个街区以外的地方。

接触自然

- 买一些绿植,摆在家里的不同地方。你不仅可以欣赏它们,以此获得愉悦的心情;还需要照顾它们,因此付出更多的行动。
- 把你的团体活动从大楼中移到树林里进行。
- 把在街区路上或跑步机上的散步换到当地公园或户外小路进行。

社交

- 找一个一起散步的伙伴,或者组织一个散步小组。
- 当你与读书俱乐部或任何其他团体会面时,大家一起散步。
- 加入附近的社区活动团体,这样你就可以将运动、自然和社交结合起来!

对社交的建议

到目前为止,你已经了解了重点:我们的身体从运动中受益匪浅，我们的身体也需要社交。人类天生就是群居动物，对于成就族来说，缺乏社会支持可能会对其健康产生负面影响。与他人的积极互动对于减轻压力、增进身体健康、减少抑郁和焦虑等心理问题非常重要。既然运动和社交有同样的效果，为什么不合二为一，让效果加倍呢？

除了邀请朋友和你一起运动，你还可以参加集体健身班，或者和朋友一起散步。但我再说一次，不是只有专门运动才算健身，你还可以通过更多的日常活动来实现运动目标。

为了方便，你是否会在购物时选择免下车服务？停车和步行不仅可以增加运动量，还提供了与他人互动的机会（悄悄地练习站姿）。

步行

- 增加里程。
- 增加步行的频率。
- 通过改变路线来刺激大脑。
- 增加坡道行走。
- 增加各种地形。
- 增加"交际维生素"。

运动计划

你可以随时随地做运动，把运动分散在全天的各个时候。然而，一套常规的运动计划可以帮你将注意力集中到动作上。

准备设备：

- 椅子
- 毛巾卷（或半圆泡沫滚轴）
- 瑜伽球
- 垫枕（或枕头、毯子）
- 硬质平椅

动作的详细介绍可以在从第143页开始的"练习汇总表"中找到。

站立位开始，摆准姿势： 双脚与骨盆同宽，重心放在脚跟，双腿垂直，髌骨放松，骨盆居中，肋骨居中。

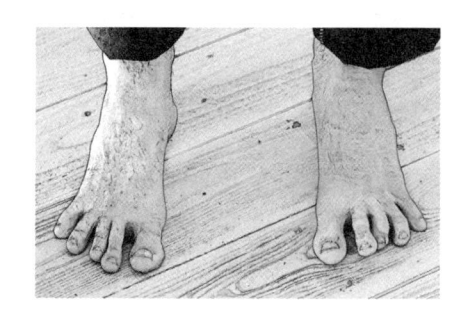

- 分开脚趾。

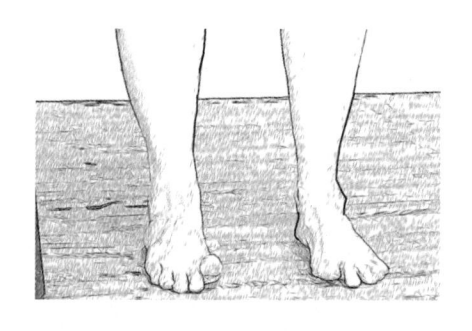

- 分别抬起跗趾。

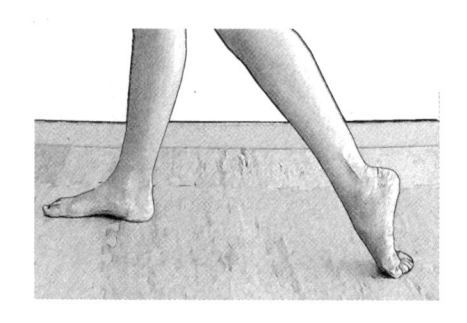

- 脚背伸展,另一侧重复。

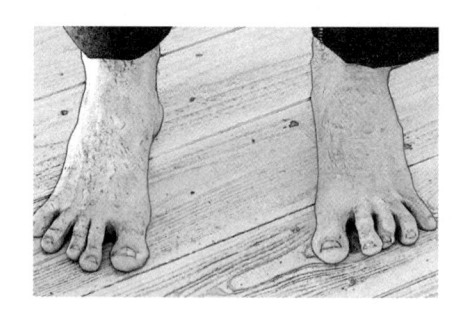

- 再次分开脚趾,抬高并晃动所有的脚趾,分别抬起跗趾。

- 小腿伸展练习1，另一侧重复。

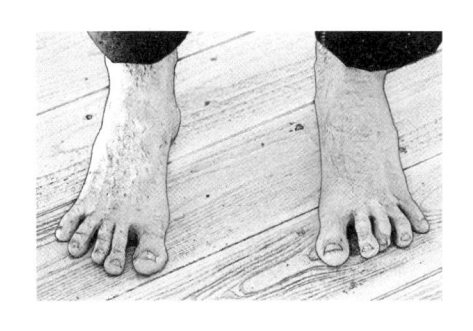

- 再次分开脚趾，抬高并晃动所有的脚趾，分别抬起踇趾。

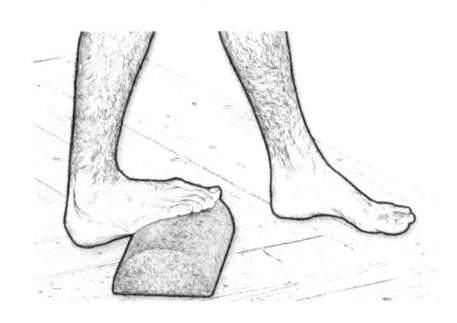

- 小腿伸展练习2，另一侧重复。

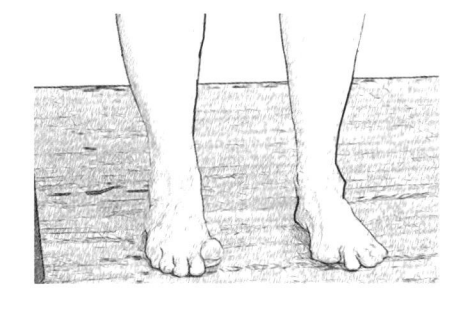

- 分开脚趾，分别抬起踇趾。

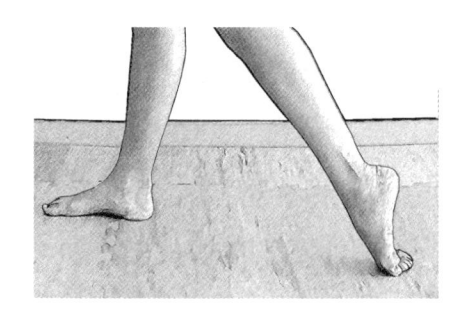

- 脚背伸展，另一侧重复。

- 小腿伸展练习1，另一侧重复。

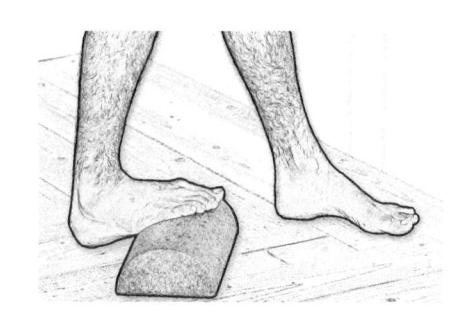

- 小腿伸展练习2，另一侧重复。

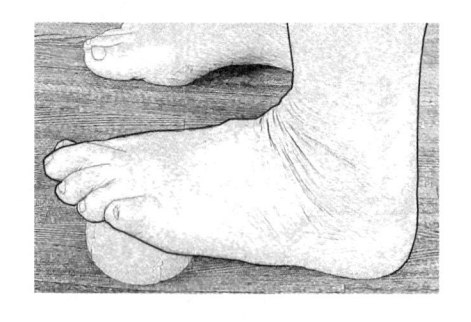

- 脚底伸展，另一侧重复。

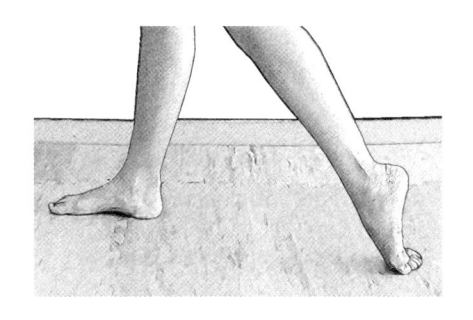

- 脚背伸展，另一侧重复。

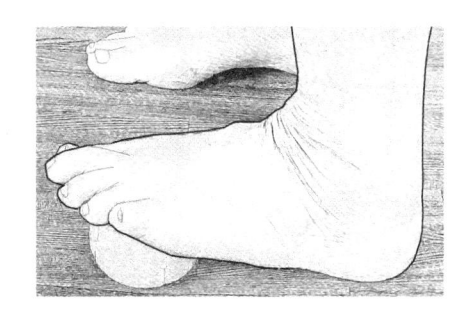

- 脚底伸展，另一侧重复。

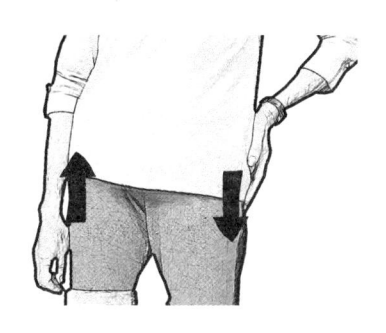

- 骨盆侧沉，另一侧重复。

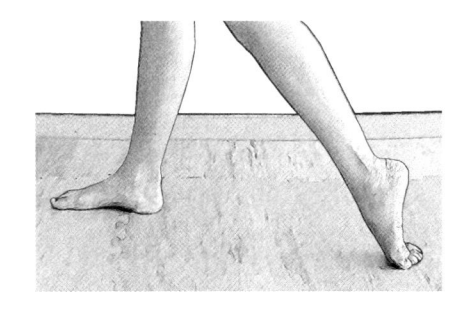

- 脚背伸展，另一侧重复。

- 小腿伸展练习1，另一侧重复。

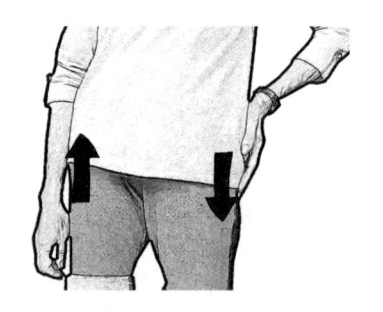

- 骨盆侧沉，另一侧重复。

- （从椅子或地板上）起立、坐下3~4次。

你可以在这里停下来，或者在最后一次"坐下"后保持下蹲。

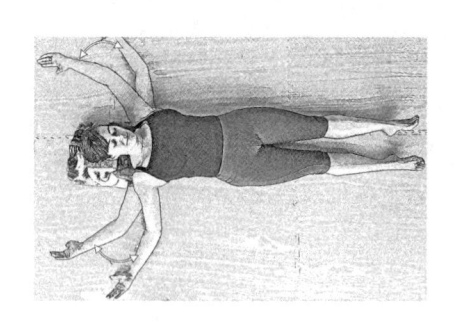

- 躺在垫枕上做10~20个地板天使动作。

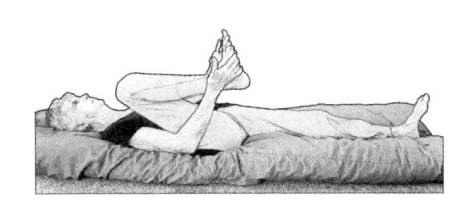

- 膝盖上抬以触及脚部，另一侧重复（如果你是坐在椅子上做的这项运动，稍后可以试试躺在床上做）。

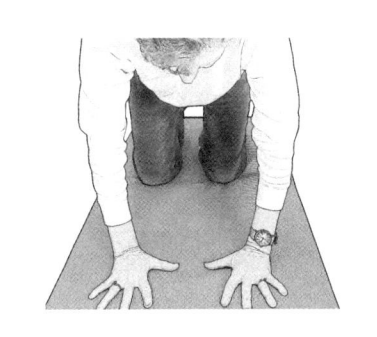

- 用手和膝盖跪趴（根据需要使用垫枕或衬垫），伸展拇指和其余手指，转动肘部使其互相靠近和远离，以此活动手腕和肩。

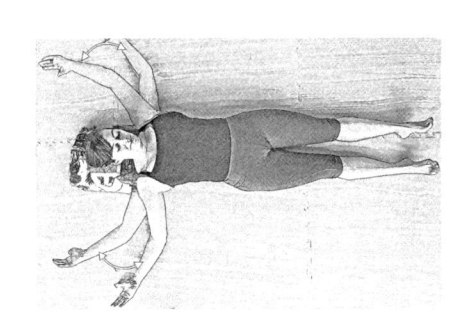

- 翻转回到垫枕上，再做10~20个地板天使动作。

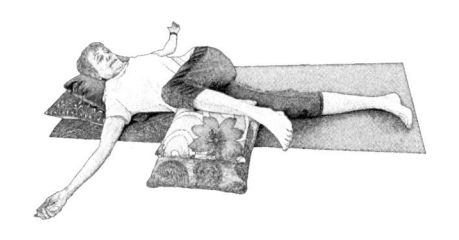

- 在垫枕上扭转，另一侧重复。

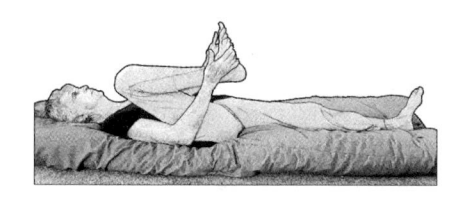

- 膝盖上抬以触及脚部，另一侧重复。

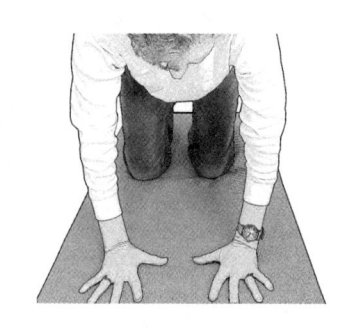

- 翻转至用手和膝盖跪趴，伸展拇指和其余手指，转动肘部使其互相靠近和远离。

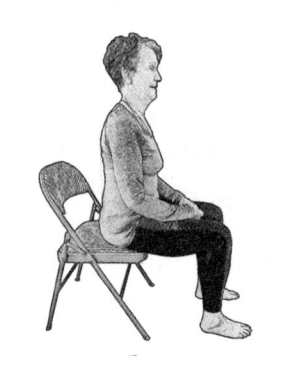

- 站起来（注意你是怎么站起来的），坐回椅子上。

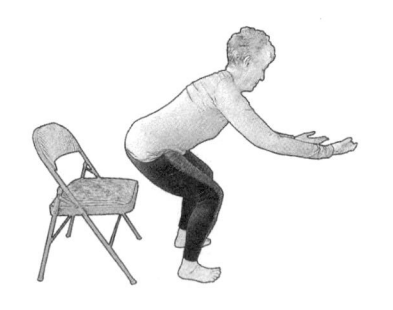

- 椅子蹲4~5次。

- 靠墙或用椅子伸展胸部。

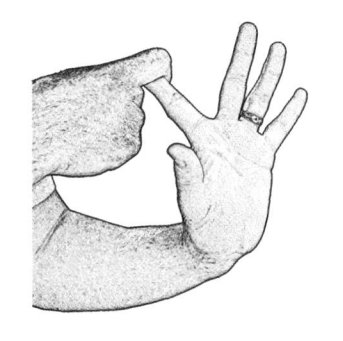

- 坐下来伸展手指。

- 椅子蹲4~5次（注意姿势）。

- 伸展胸部。

运动计划

- 倒车扭转，另一侧重复。

- 肘部触碰。

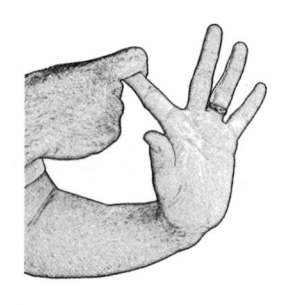

- 伸展手指。

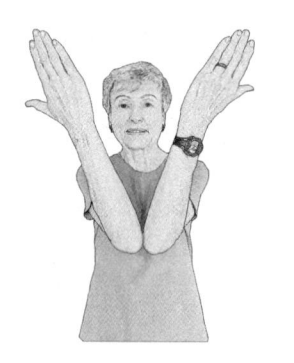

- 肘部触碰，保持5次深呼吸。

- 椅子蹲4~5次。

- 站起来走到门框前,把手伸到门框顶端(或两侧),保持4~5次呼吸,肋骨下沉。

- 单腿站立,数到20,试着脚不着地(注意姿势),另一侧重复。

深呼吸,你的整个身体都在运动!

练习汇总表

除非另有说明，否则每个练习动作做 2～3 次，每次 30～60 秒。**任何需要平衡的运动，可以站在墙边，或者在附近放一把椅子或一些稳定的东西扶着。**每次练习开始时都要保持双脚伸直，与骨盆同宽，髌骨放松，骨盆和胸部居中，头部回移。如果是坐着锻炼，膝盖要超过脚踝，双脚伸直，骨盆和肋骨居中，头部回移。

> 第一章练习

脚背伸展——坐姿

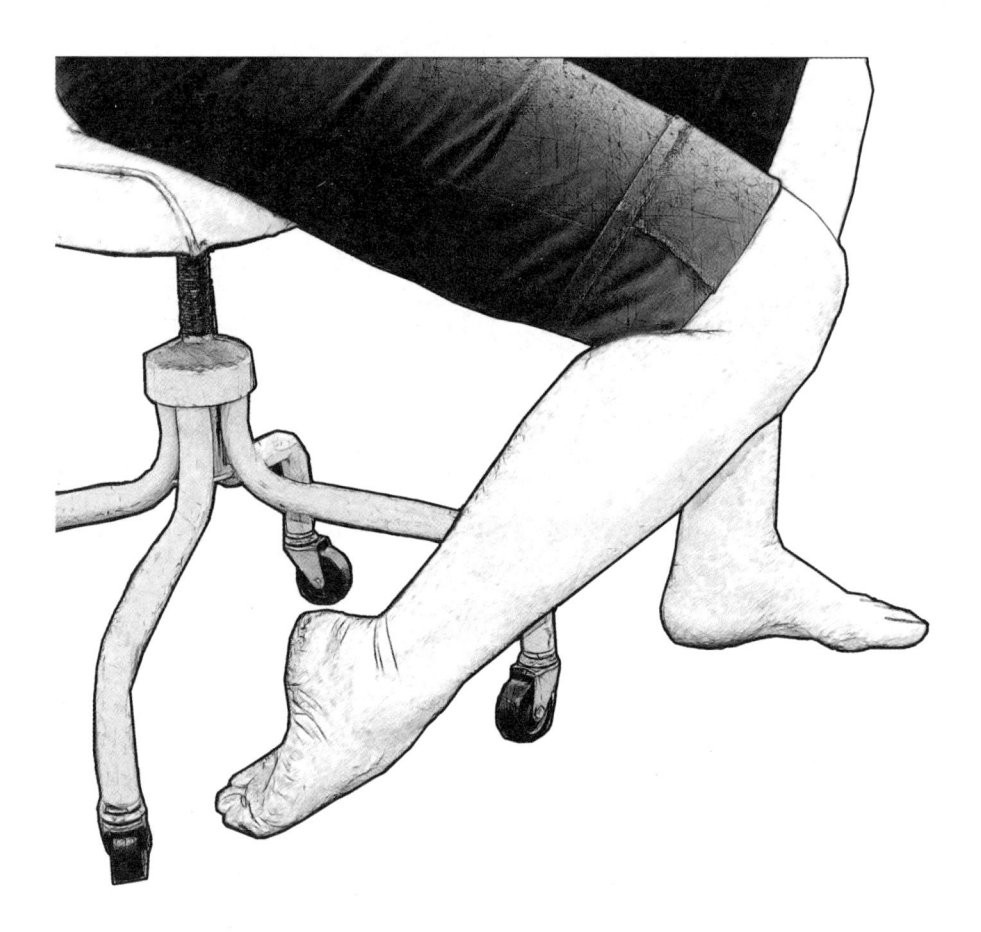

动作讲解

- 坐在椅子的前缘。
- 右脚向后伸展，脚趾向下压。
- 保持脚跟居中，脚踝不要左右晃动。
- **不要以任何方式将脚背强压到地板上，让脚随着肌肉的拉长而放低。**
- 左脚重复以上步骤。

脚背伸展——站姿

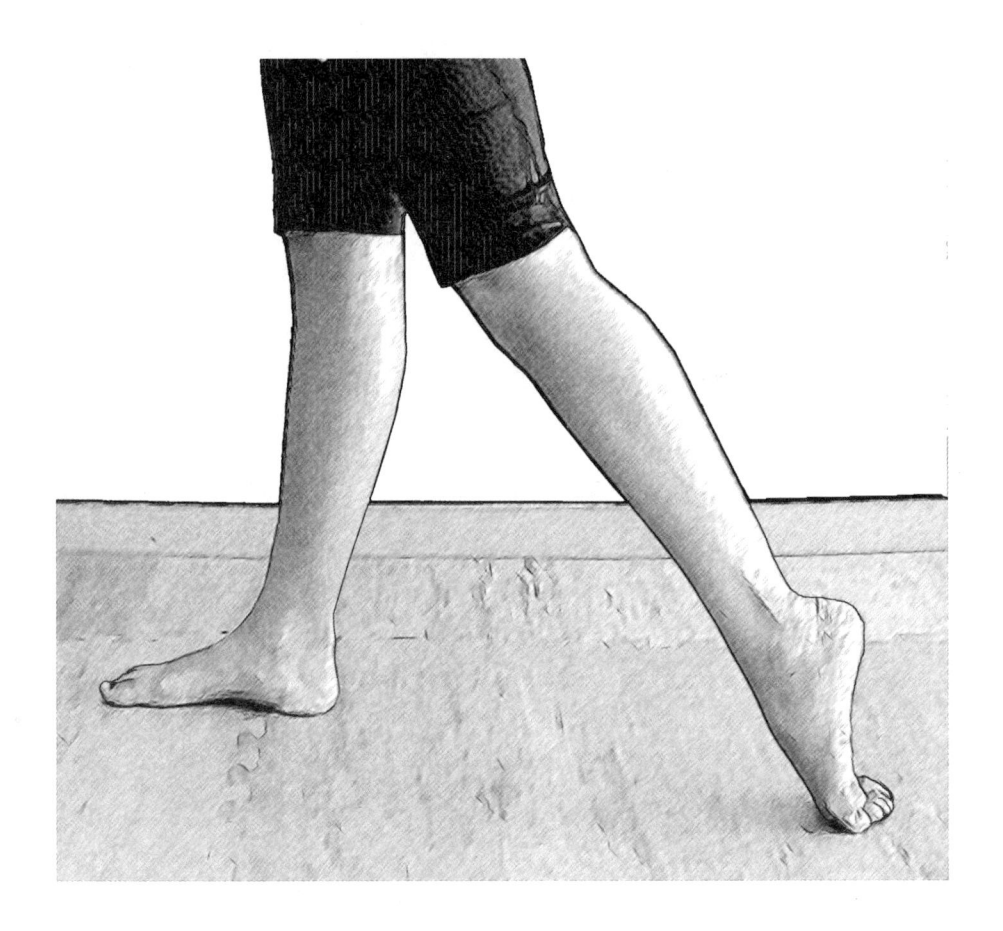

动作讲解

- 站立时,左脚后撤,脚趾下压。
- 胸部和髋部向后收,重心放在没有伸展的脚上。
- 为了减少脚背的伸展幅度,可缩短脚部后撤的距离。
- 右脚重复以上步骤。

脚底伸展

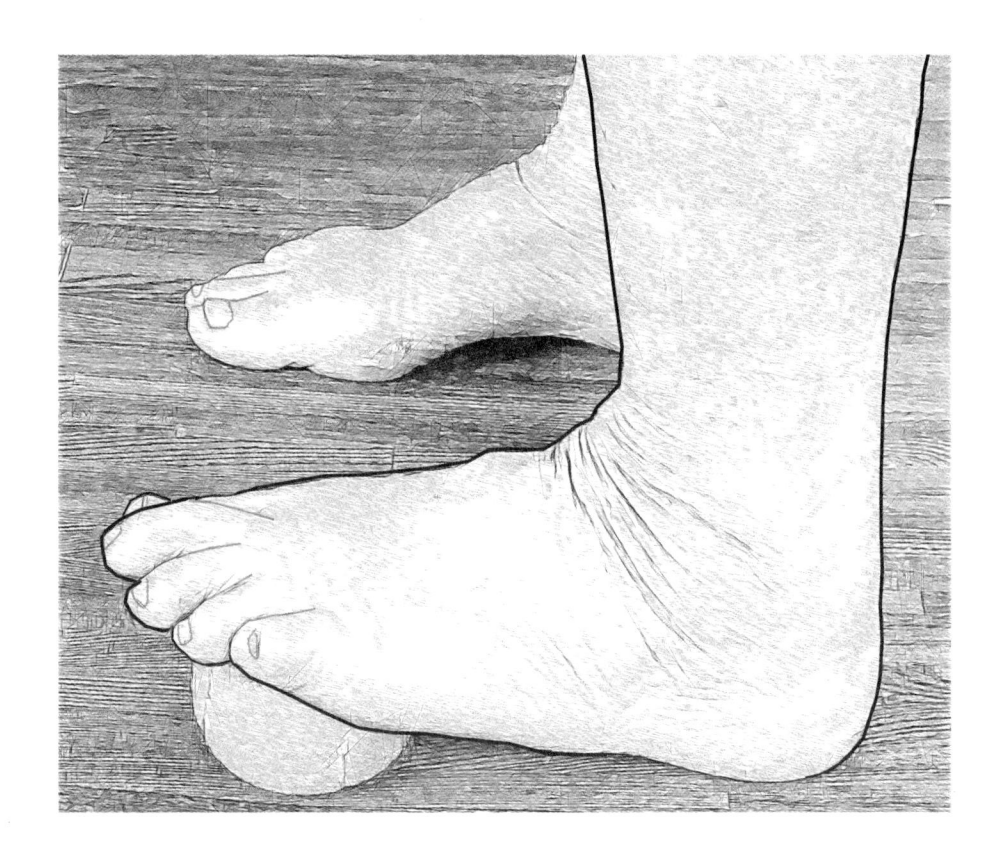

动作讲解

- 无论是坐着还是站着，每次在一只脚的足弓下放置一个网球或类似大小的软球。
- 慢慢地把重量压在球上。
- 脚向前后左右移动，球轻轻地接触各个脚关节。
- 尝试不同大小和硬度的球。

脚趾分开——被动

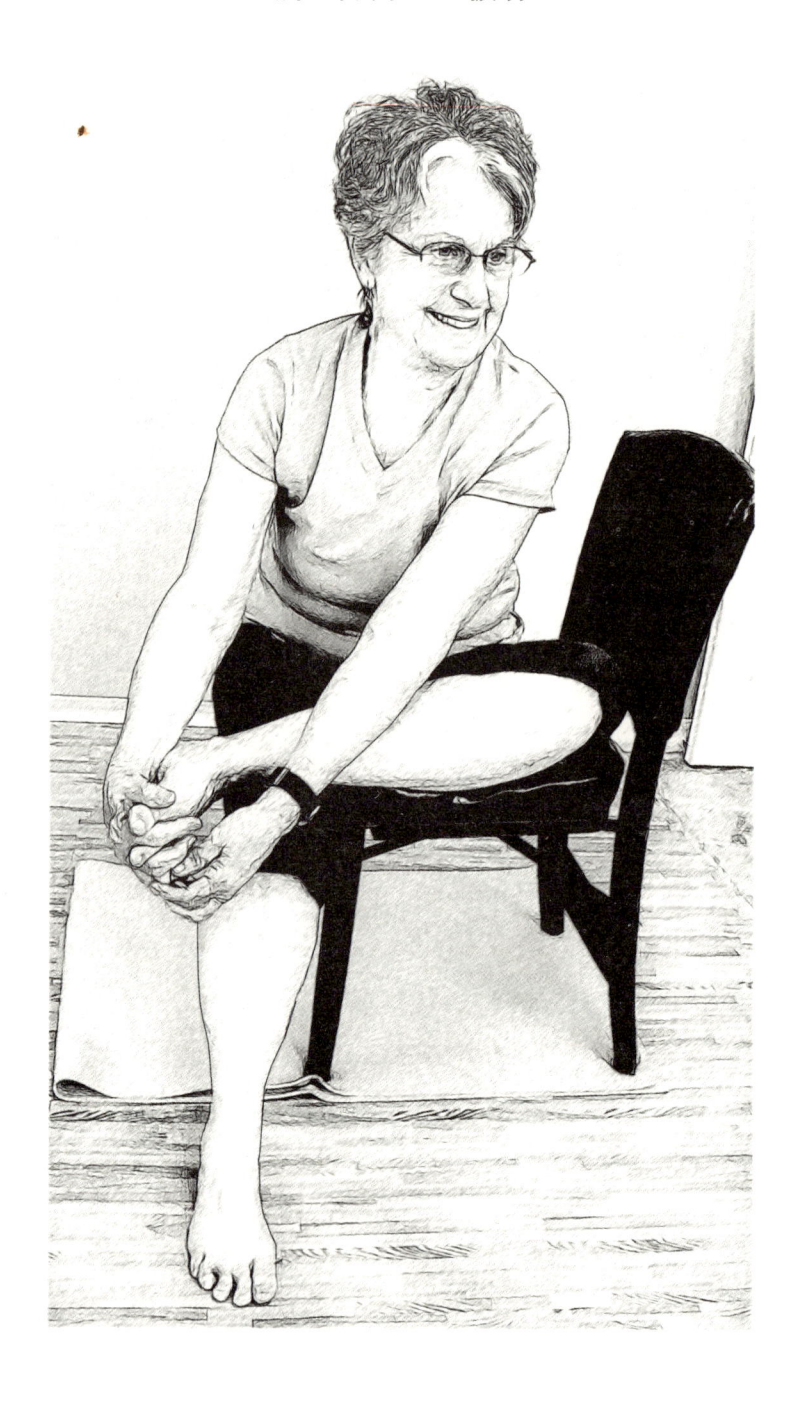

动作讲解

- 坐着时，一只脚踝横放在对侧腿的膝盖上。
- 用手轻柔地将脚趾分开。
- 要想提高分开的程度，请让手指在脚趾之间推得更深，使手指和脚趾相交。
- 要想进一步分开，请轻轻地将手指张开，这样脚趾就会随之分开。
- 要想降低分开的程度，可以反着来。
- 一次保持1分钟。
- 如果你不确定置换过的关节的局限性，或者你的髋部太僵硬还不能这样做，请参阅第29页内容。

脚趾分开——主动

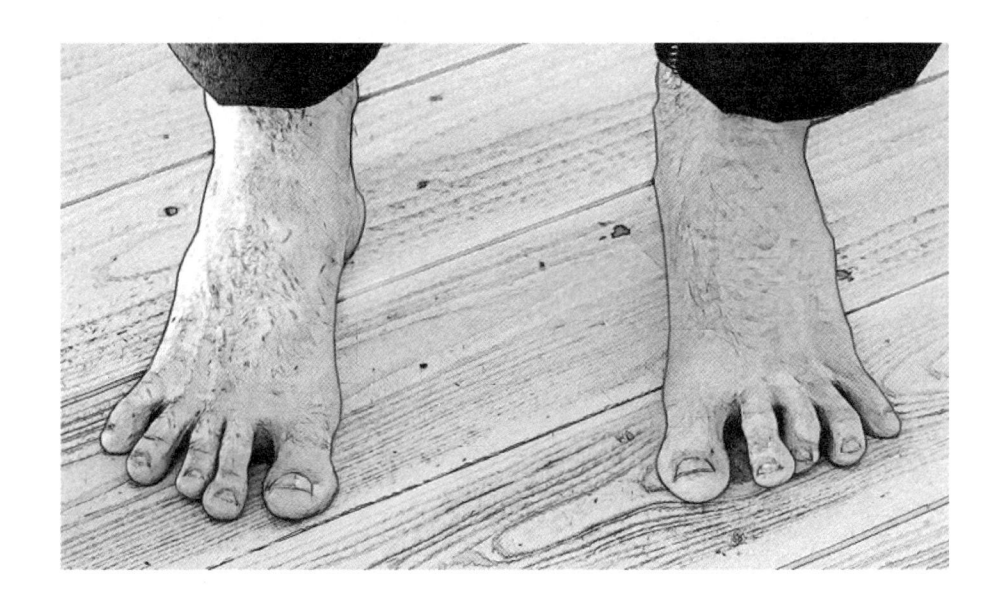

动作讲解

- 双脚分开与骨盆同宽，笔直指向前方，重心放在脚跟。
- 尽量分开脚趾，所有脚趾平放在地上。
- 全天重复。确保不会因为鞋子太紧而不能做这个动作！

脚趾抬高

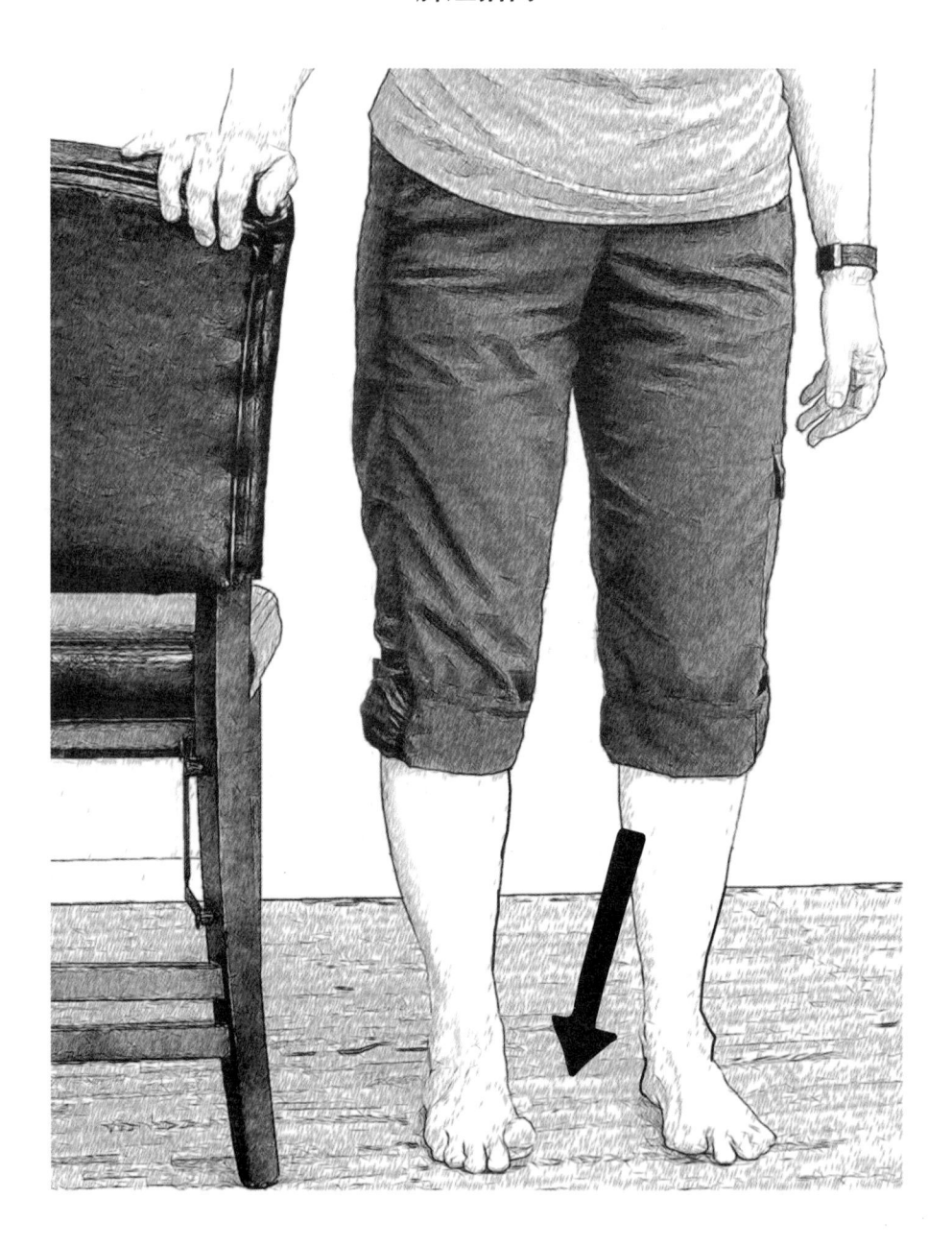

154 重启活力人生：
成就族的行动指南

动作讲解

- 抬起2个踇趾，同时保持其他8个脚趾贴在地上。

- 试着只抬起左脚的踇趾，然后再抬起右脚的踇趾。

- 努力让每个踇趾笔直上抬，而不是转向一边（朝向小趾）。

- 在掌握了抬起踇趾的技能后，先试着抬起一只脚的踇趾，然后再抬起这只脚的第2个脚趾，确保脚掌平放在地面上。

- 然后抬起第3个、第4个和第5个脚趾。

- 一旦所有的脚趾都能抬起，再把它们一个接一个地放回去。

- 重复，练习另一只脚。

第二章练习

小腿伸展练习1

动作讲解

- 在面前的地板上放一条厚厚的、折叠并卷起的毛巾（或卷起的瑜伽垫）。
- 赤脚或穿袜子踩在毛巾上——脚掌放在毛巾上面。
- 调整脚部，使其指向前方，慢慢伸直腿。
- 保持身体直立（尽量不要前倾），另一只脚向前迈一步。
- 刚开始，不伸展的腿可以放在毛巾后面。如果你身体前倾、膝盖需要弯曲或失去平衡，那么可以缩短两腿距离。
- 进阶版：用半圆泡沫滚轴代替卷起的毛巾。

小腿伸展练习 2

动作讲解

- 从小腿伸展练习1的姿势开始,将脚踩在卷好的毛巾或半圆泡沫滚轴上,弯曲膝盖,轻轻向前推,同时将脚跟压向地面。

第三章练习

单腿站立

动作讲解

- 轻轻扶着墙壁或椅子，试着单腿站立。
- 消除不必要的紧张感，放松脚趾，髋部后收至脚跟，伸直膝盖，肩部下沉，放松呼吸。

骨盆侧沉

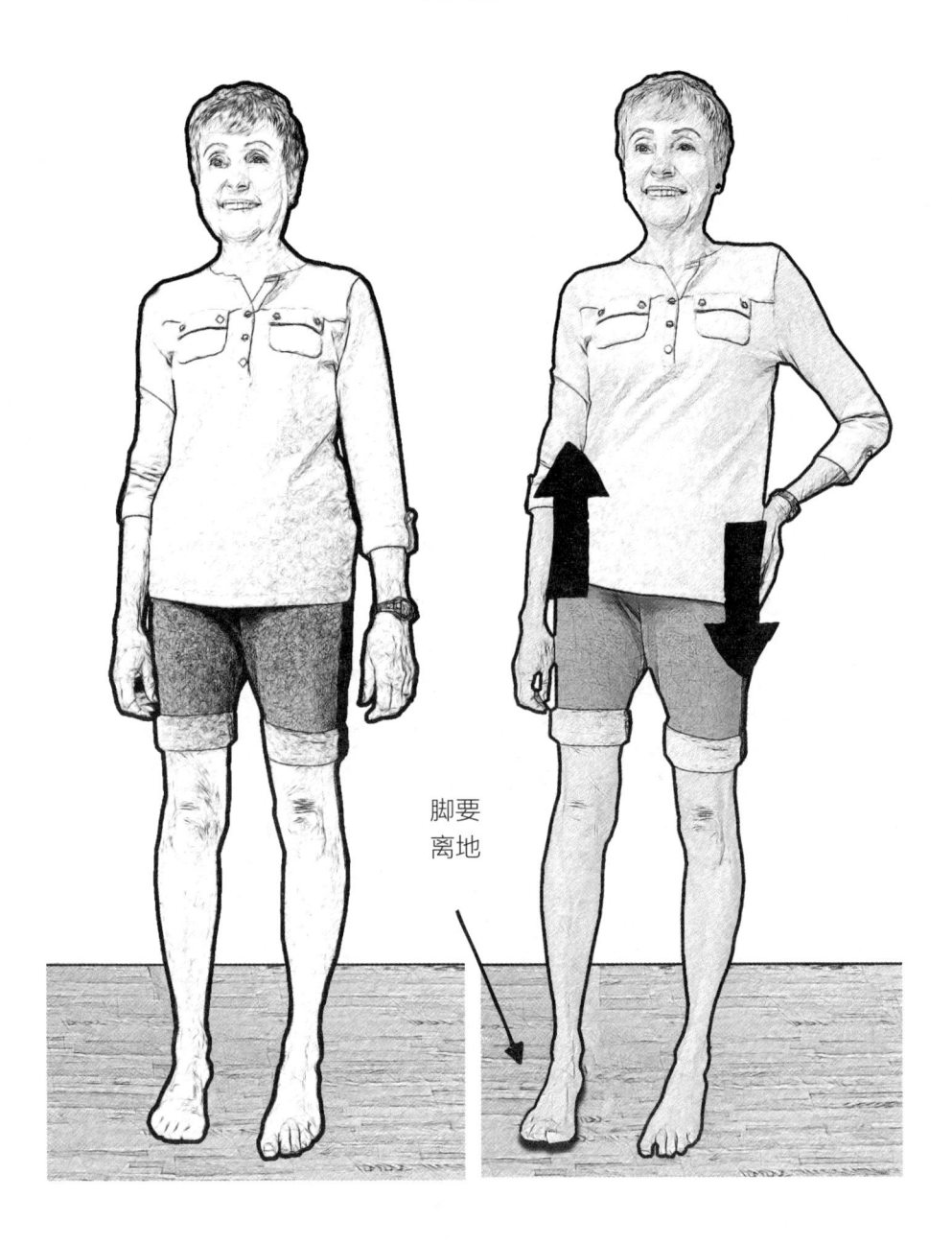

脚要
离地

动作讲解

- 站成一条直线，左手放在左髋部，利用左髋部外侧肌肉将骨盆左侧朝着地板方向下压，这会使你的右脚抬离地面。
- 如果你的右脚没有离开地面，没关系，继续练习使用这些肌肉，直到右脚可以离开地面。
- 检查确保你没有弯曲任何一条腿的膝盖，也没有通过抬高浮动侧的下背部来提升骨盆。

第五章练习

椅子蹲

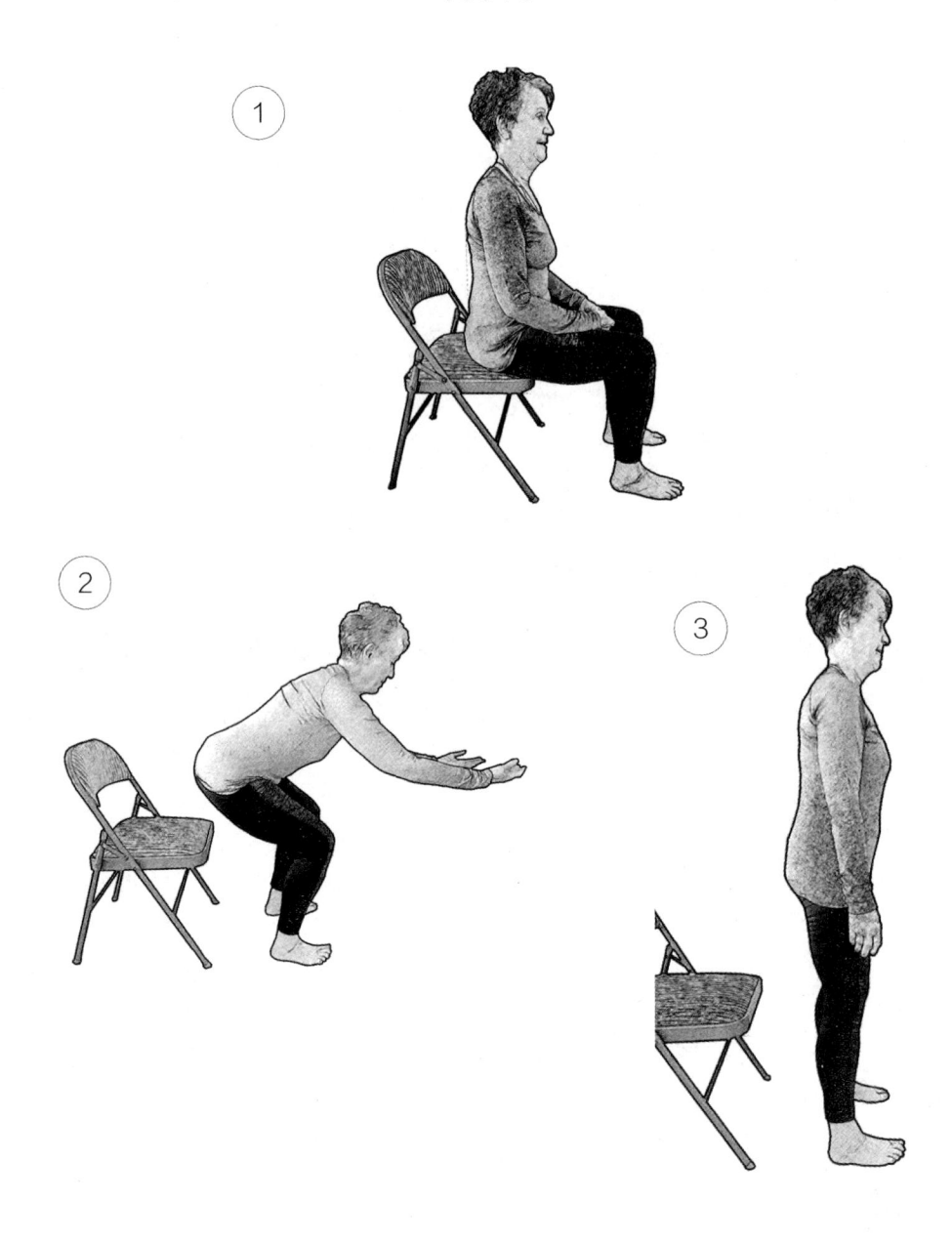

①

②

③

动作讲解

- 坐在平坦、坚硬的椅子上，骨盆打开，脚踝位于膝盖正下方。
- 双臂伸展，身体前倾，站立时重心向后移至脚跟。
- 慢慢坐下，重心仍在脚跟。
- **如果动作难以完成或造成了任何疼痛，可以在座位上叠放毛巾，或者放一本书或一块瑜伽砖，稍稍抬高自己的位置。**
- 随着身体变得强壮，你可以降低垫物的高度。

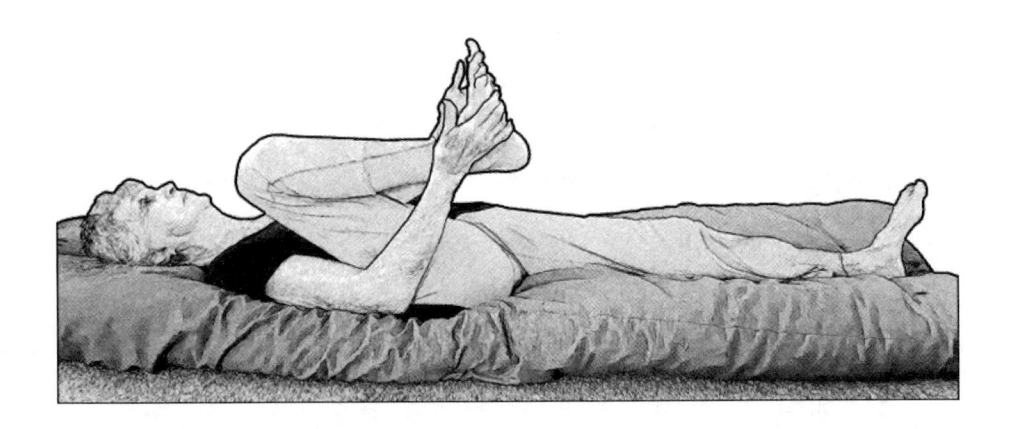

握脚

动作讲解

- 躺好。

- 保持呼吸放松，单膝朝胸。

- 试着用一只手摸到脚，然后两只手同时摸到脚。

- 换脚。

- 锻炼到能够用双手握住每只脚，并且这个姿势能保持1分钟。

头部回移

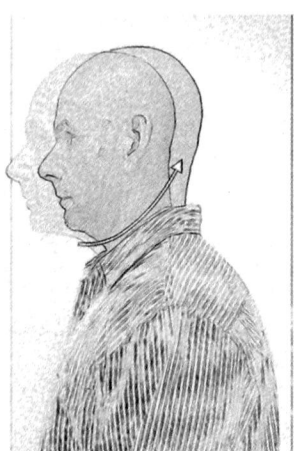

动作讲解

- 不要抬头，向后滑动下巴，直到双耳与肩对齐，拉长脖颈后侧。

地板天使

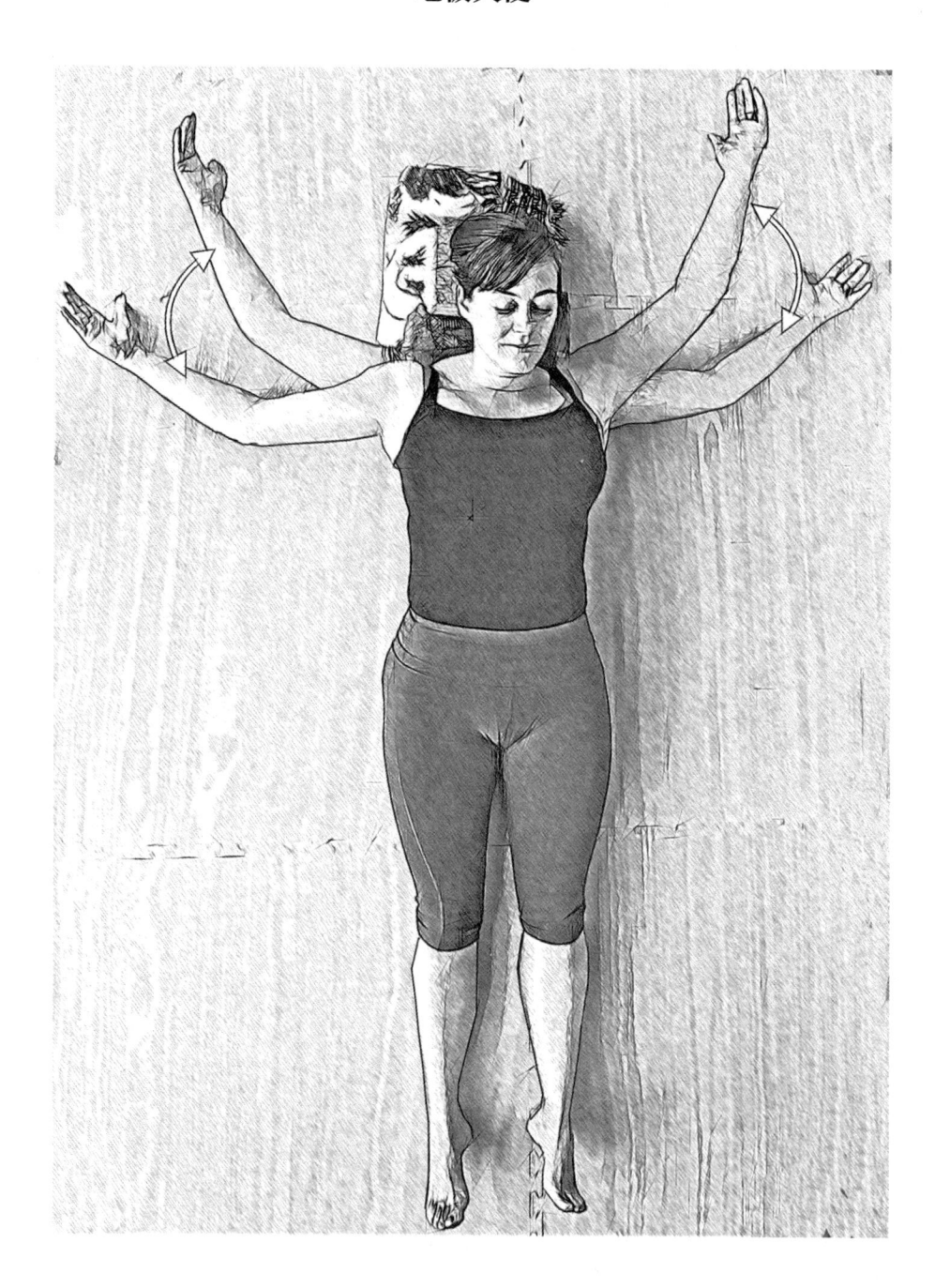

动作讲解

- 一开始头可以靠在垫枕或堆叠的枕头上，使胸部靠近地板。
- 伸直双腿。
- 双臂向两侧伸展，手掌向上，肘部向天花板的方向旋转。
- 手臂和手背朝向地板，肘部微微弯曲。
- 一旦双臂张开到极限，慢慢地将它们朝你的头部移动，就像在做"雪天使"一样。
- 先尝试一些你可以做到的动作，然后大拇指不要离开地板，再尝试一下，尽可能完成动作。
- 练习一段时间后，试着留心观察胸廓的位置——确保肋骨在手臂移动至头顶时保持下沉，而不是向上抬起。

胸部伸展

动作讲解

- 面对墙壁、工作台面或椅背站立（从高处开始，随着时间的推移降低高度）。
- 双手扶在墙上或其他支撑物上，慢慢后退，直到双臂完全伸展，通过下压双臂降低胸部高度。
- 如果可以的话，伸直双腿，将重心向后移至脚跟，使脚趾可以轻松活动。
- 放松头部和颈部。

手臂伸展

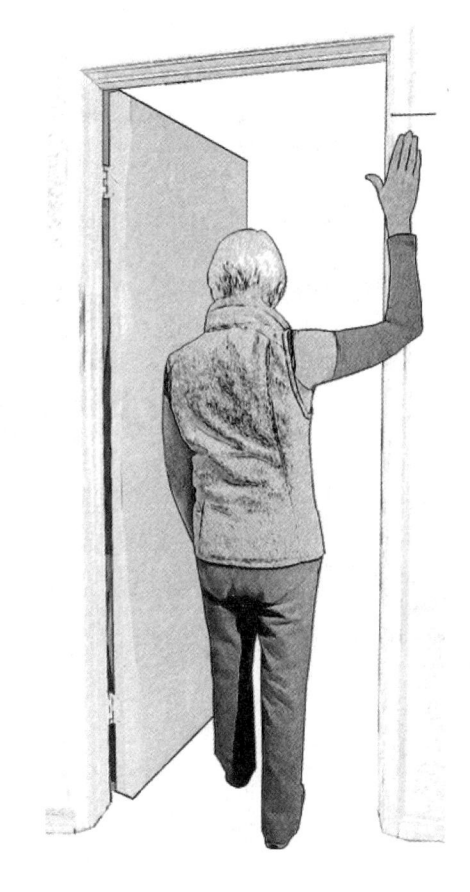

动作讲解

- 双臂向上伸展,直到可以触到门框上方的墙壁,然后尽可能地降低胸廓。
- 如果两只手臂不能同时完成动作,那就一次锻炼一只手臂,手指沿着门框边的墙向上移动,越高越好。
- 保持肋骨下沉会加强手臂和肩部的运动。
- 另一只手臂重复动作。
- 检查肘部的位置。它们总是指向外侧吗?尝试几次让肘部指向正前方的动作,看看这个动作是如何改变手臂、肩部和躯干的伸展的。
- 每次进门时都要这样做,每次保持几秒钟。

强化肋间肌

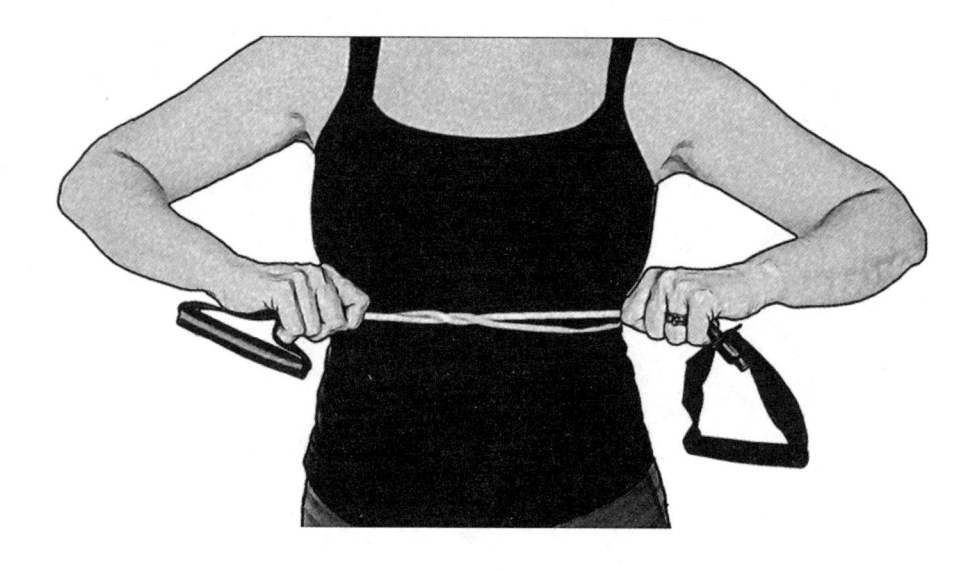

动作讲解

- 无论是坐着还是站着，在胸肌或乳房正下方牢牢地系一条弹力带或一只长筒袜。
- 肋骨居中。
- 深吸一口气，胸廓扩张，直到你感觉到弹力带对肋骨施加的阻力。如果你在吸气结束时仍感觉不到，把弹力带系得更紧一点，再试一次。
- 呼气，体会胸廓离开弹力带，接近穿过身体中心的假想垂直线的过程。
- 现在不要呼气，试着以同样的姿势慢慢咳嗽，让肋骨向内收。
- 重复，每次呼气或咳嗽都要把肋骨向内拉、向下压。

第六章练习

倒车扭转

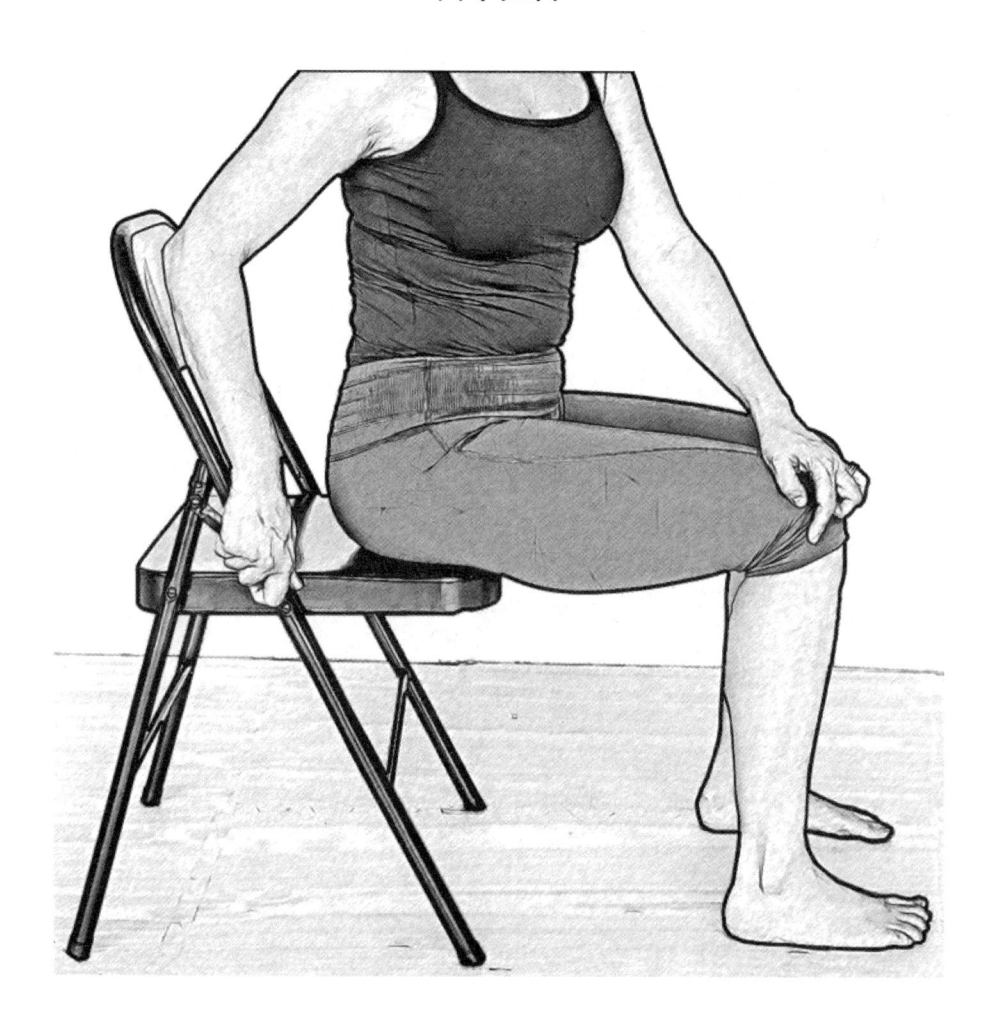

动作讲解

- 坐好后,保持胸廓和骨盆居中。
- 不上提胸廓,不收拢骨盆,也不放松骨盆,身体向右转而不用力,保持不动。
- 重复动作,身体向左转。

地板支撑扭转

动作讲解

- 躺好，用垫枕支撑上半身，使胸部向下。
- 将骨盆向右移动 3~5cm，然后抬起左膝，使其压在髋部上方。
- 旋转骨盆，将左膝向身体对侧下移，在肋骨即将离开地面时就停下来。
- **在不带动肋骨的情况下，尽量扭动身体——不要用力。**
- 如果你发现骨盆几乎不动，膝盖也离地面很远，那就**堆放枕头**，这样膝盖就可以靠在枕头上了。这将减轻脊柱的负担，不会造成非必要的肌肉紧张。
- 另一侧重复动作。

手掌支撑跪趴在地板上或墙上

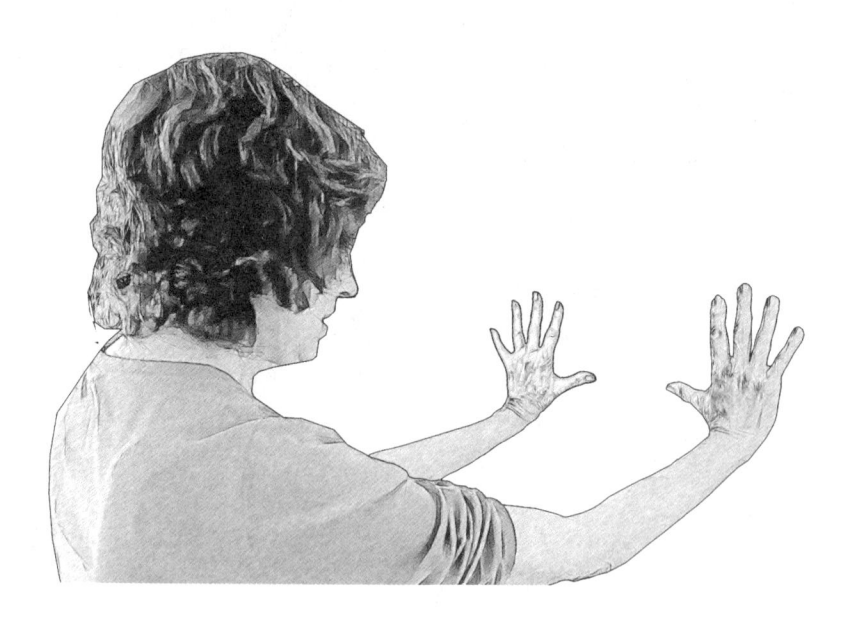

动作讲解

- 用手和膝盖跪趴在地板上。如果这不是一个适合你的姿势,那就改为站着,手臂向前推墙。

- 每只手的中指指向正前方。如果你在推墙,则中指指向正上方。

- 将双手拇指移离其他手指,直到它们直接指向彼此,与各自的中指垂直。

- 向内拉肘部,肘窝向前,拇指不动,双手平放放松。

正确　　　　　　　　　　错误(手指曲起)

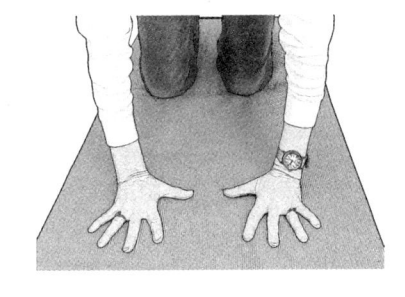

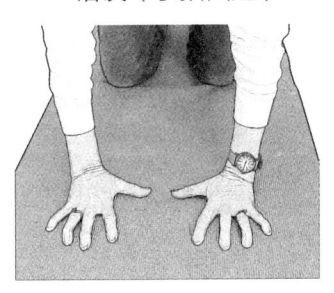

肘部触碰

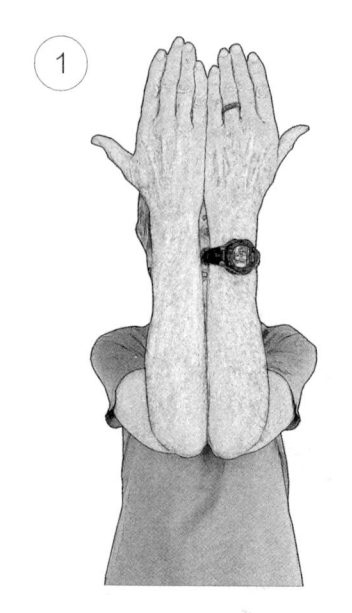

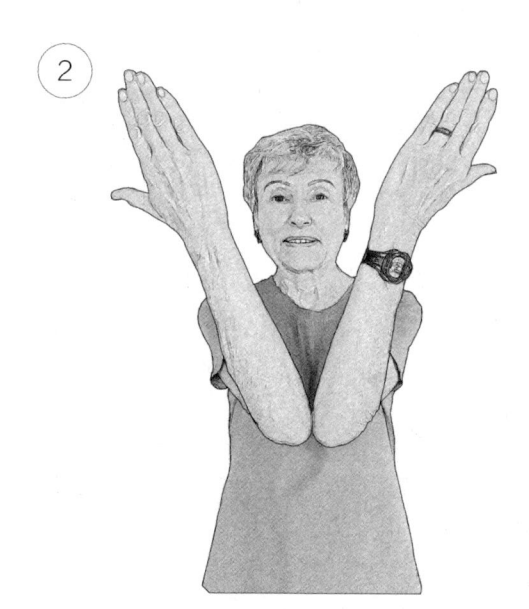

① ②

动作讲解

- 手臂放在身体前方,肘部弯曲90°,手掌朝向面部,将肘部并拢,直到接触。
- 肘部保持触碰,双手手腕互相远离。
- 一旦可以更轻松地做到这一点,抬起肘部(同时保持肩部下沉)。

手指伸展

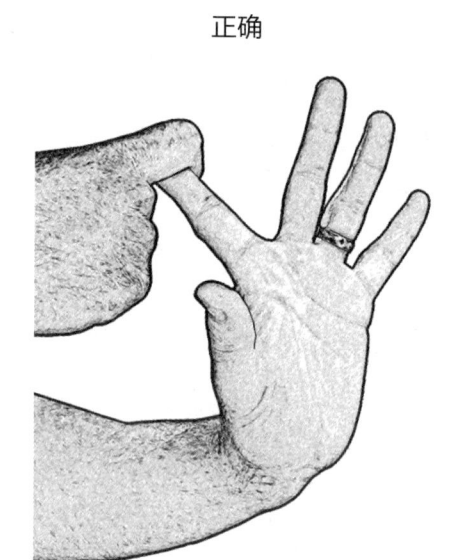

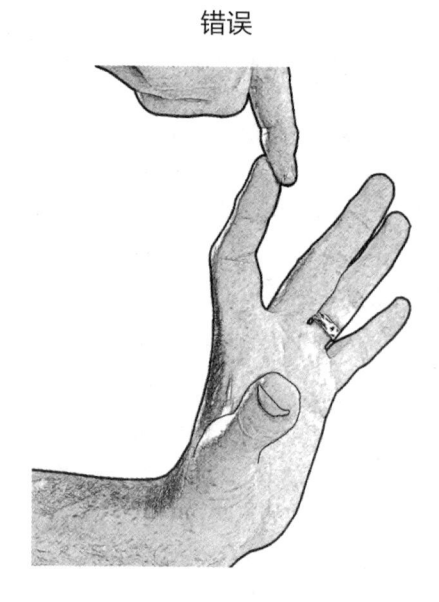

正确　　　　　　　　　　错误

动作讲解

- 一只手向前举,就像是在示意"停止"。
- 保持肘部弯曲并指向地面,用另一只手一次向后拉一根手指,直至感觉到伸展。
- 密切注意正在伸展的手指,确保它的3个关节均没有弯曲。

附录A
运动器材

从许多地方可以获得本书中使用的设备。我在下文列出了推荐尺寸。

一般设备

- **垫枕**：我建议使用长71cm、直径25cm的圆柱形垫枕。
- **半圆泡沫滚轴**：我建议使用长30cm、宽15cm、高7.5cm的半圆泡沫滚轴。
- **蹲式平台**：我推荐蹲式便池。
- **瑜伽砖**：如果你想使用瑜伽砖，我的建议尺寸是长23cm、宽15cm、高7.5cm。

供脚使用的设备

- 泡沫脚趾分离器
- 脚趾矫形器
- 脚部对齐袜
- 网球
- 瑜伽球